B. WERBER

8시 30분 정도에 파리 16구의 카페
'보졸레 도퇴유(Le Beaujolais d'Auteuil)'로
와서 12시 30분까지 글을 써요.
보다시피 오전 시간에는 카페에 아무도
없기 때문에 조용하게
저만의 시간을 보낼 수 있죠.

08:30

08:40

보졸레 도퇴유는
파리 시내에서 흔히
볼 수 있는 전형적
클래식 비스트로 앤
카페예요.

짙은 원목 컬러의
토네트 체어 Thonet
Chair와 테이블이 빼곡히
들어차 있어요.

이곳에서 저는 도로가
보이는 창가 자리에
테이블 3개를 이어 붙여 앉아
오전 작업을 합니다.

09:00

10:00

12:30

12시 30분 정도가 되면
점심시간이라 카페가
붐비기 시작하는데,
저도 점심을 먹으러 갑니다.

매일매일 다른 사람들과
점심 식사를 하면서
세상 돌아가는 이야기 등
다양한 대화를 즐기죠.

12:45

13:00

13:30

그리고 '몰리토르 파리 Molitor Paris' 호텔의 카페에 가서 오후 작업을 시작해요.

예전 수영장을 개조해 만든 호텔로, 여전히 호텔 중앙에 넓은 야외 수영장이 있죠. 저는 물과 가까운 곳에서 일하는 것을 선호합니다.

베르베르의 조각들:

소설보다 먼저 만나는 작가

매거진 〈B〉뿐 아니라 잡스(JOBS), 더 시리즈(THE
SERIES) 등의 단행본을 펴내며 미디어의 영역을
확장해온 비미디어컴퍼니가 지난 11월 출판사
열린책들의 제안으로 한 명의 인물을 집중 분석하는
프로젝트를 도모했습니다. 약 6개월간의 협업으로
진행한 이 프로젝트의 주인공은 1993년 국내에서
첫 작품 〈개미〉를 출간한 이래 데뷔 30주년을 맞은
프랑스의 작가 베르나르 베르베르로, 독자들이 결코
몰랐을 그의 면면을 소개하고자 합니다.

실제로 우리는 눈에 보이는 현상 이면의 숨은 이야기에
흥미를 느낍니다. 영화를 감상한 후에는 프리프로덕션
단계의 비화가 알고 싶어지고, 조형적 비범함을
갖춘 건축물을 마주하면 그 건축 과정이 궁금해지는
것처럼 말입니다. 현상의 안팎을 넘나들며 대상의
가치와 존재 이유 등을 고찰하는 시간이 되기도 하죠.
소설 역시 마찬가지입니다. 작품이 지닌 내적 의미와
메시지에 집중하는 것도 좋지만, 왜 그런 내용을 담게
되었는지를 작가의 삶과 연결해 이해하면 작품에 대한
이해도와 느껴지는 재미는 한 차원 더 깊어질 것입니다.
특히 베르나르 베르베르처럼 자신의 머릿속에서
무한히 반짝이는 상상력을 기반으로 창작 활동을
하는 작가라면 그 영감의 원천이 더욱 궁금해지기
마련입니다. 그가 어떤 생각을 하며 특정 소설을 썼는지,
무엇을 계기로 그런 생각을 떠올리게 되었는지에 대해
알고 난 후 작품을 읽으면 더 고개가 끄덕여질 수밖에
없을 것입니다.

〈베르베르의 조각들: 소설보다 먼저 만나는 작가〉는 특출난 스토리텔러로서, 나아가 하나의 인격체로서 베르나르 베르베르를 더 잘 이해하고, 그의 소설을 다층적으로 감상하도록 돕는 책입니다. 그를 이루는 과거부터 현재까지의 여러 조각을 모아 베르나르 베르베르라는 거대하고 복합적인 퍼즐을 완성한 셈이죠. 이를 위해 우리는 프랑스 파리에서 그를 직접 만났습니다. 그가 글을 쓰기 위해 매일 오전부터 방문하는 카페 창가 자리에서 빈틈없는 그의 일상과 영감의 원천, 그가 업으로 삼은 집필 활동에 대해, 나아가 그가 남긴 유산과 앞으로의 계획에 대해 이야기를 나눴습니다. 여전히 호기심 가득한 표정과 반짝이는 눈빛을 보이는, 30년 넘도록 꾸준히 활동해온 이 성실한 작가를 보며 하나의 확신이 생겼습니다. 그는 지금까지보다 더 오랫동안, 늘 새로운 이야기를 들려줄 것이라는 확신 말이죠. "왜 이제 와서 베르나르 베르베르에 대해 알아야 하느냐"라고 묻는 이가 있다면 충분히 설득력 있는 답변이 되지 않을까요?

혹자는 말합니다. 누군가를 알아가는 과정은 대부분 그에 대해 실망하는 과정이라고. 하지만 이야기꾼 베르나르 베르베르에 대해 알아가는 과정은 그의 소설을 읽는 것만큼이나 흥미로울 것입니다. 그리고 이 흥미로운 길의 끝에 다다른 독자에게는 이렇게 이야기해주고 싶습니다.

"이제 비로소 베르나르 베르베르의 소설을 읽을 준비가 되셨군요!"

비미디어컴퍼니 편집부

Contents

Bernard Werber Collage

몇 단락의 짧은 글로 베르나르 베르베르를 정의할
수는 없다. 다양한 활동 속에서 그가 해온 발언들은
소설가 베르나르 베르베르에 대해 알 수 있는 가장
좋은 자기소개서나 다름없다. 여러 언론과의 인터뷰와
그의 역대 작품 속 작가 소개 글을 통해 그를
입체적으로 이해해본다.

1961	9월 18일 프랑스 옥시타니 툴루즈에서 출생
1968	최초의 단편소설 〈벼룩의 추억(Souvenirs d'une puce)〉 집필. 벼룩 한 마리가 사람의 발에서 출발해 바지, 속옷, 셔츠 속을 거쳐 머리 꼭대기로 올라가며 인체를 탐험하는 이야기
1969	두 번째 단편소설 〈마법의 성〉 집필. 방문객들을 잡아먹는 어떤 성의 비밀에 관한 이야기
1970	세 번째 단편소설 〈토팽의 수사〉 집필. 에드거 앨런 포 Edgar Allan Poe의 영향을 받은 작품으로, 살인이 불가능해 보이는 밀폐된 공간에서 벌어진 살인 사건을 논리적으로 해결해가는 이야기
1971	네 번째 단편소설 〈사자 편에서 본 오지 사냥〉 집필. 관점의 변화를 통해 유머를 만들어내려는 의도를 담음
1978	학교 생활에 관한 글 30%와 만화 70%로 구성한 고교생 신문 〈유포리(Euphorie)〉 창간. 바칼로레아(대학 입학 자격 시험)에 합격한 후 소설 〈개미〉 집필 시작
1979	툴루즈 제1대학교에서 법학 공부
1982	파리에 상경해 고등 언론학교에서 신문방송학 공부
1983	'뉴스' 재단에서 주최한 콘테스트에서 수상. 그 상금으로 아프리카 마냥개미에 관한 르포를 만들기 위해 코트디부아르로 떠나 르루 교수와 함께 마냥개미의 거대 군락 취재. 〈레벤망 뒤 죄디〉, 〈르 푸앵〉, 〈사 맹테레스〉, 〈리베라시옹〉, 〈르 누벨 옵세르바퇴르〉 등 다양한 매체에 기고 시작
1990	시사 주간지 〈르 누벨 옵세르바퇴르〉 과학부 기자로 재직할 당시 "싱가포르: 응석받이들의 도시"라는 기사로 멈 Mumm의 '올해 최고의 기사' 결선에 진출. 이후 퇴사해 프랑스 국립 예술 연구소에서 영화 시나리오 작법 공부

작품 연보

(국내 초판 발행 기준)

1993
개미

1994
타나토노트

1998
여행의 책

1999
아버지들의 아버지

2000
천사들의 제국

2002
뇌

2003
나무

2004
인간

2007
파피용

2008
신

2010
파라다이스
카산드라의 거울

2011
웃음
베르나르 베르베르의
상상력 사전

2013
제3인류

2017
잠

2018
고양이

2019
죽음

2020
기억
심판

2021
문명
상대적이며 절대적인
지식의 백과사전(확장판)

2022
행성
상대적이며 절대적인
고양이 백과사전

2023
꿀벌의 예언
베르베르 씨, 오늘은
뭘 쓰세요?

프랑스

"제가 프랑스 출판계의 중심을 이루는 문인들 무리에 속해 있지 않다는 점을 독자도 잘 알고 있을 겁니다. 권위 있는 문학계나 문학상 등과는 거리가 있죠. 저는 그냥 제 갈 길을 가는 거예요. 연줄 혹은 파벌을 따지거나, 특정 작가를 후원하는 출판계의 시스템에 편입되고 싶지 않습니다."

2006년 라디오 프랑스 앵테르나시오날 인터뷰

작가

"작가는 무당과 같은 역할을 한다고 생각합니다. 사람들을 받아들여 자신이 느낀 것을 퍼트린다는 점에서 그렇죠. 정치나 사회가 겪고 있는 병을 치유하는 역할이랄까요."

2008년 〈경향신문〉 대담

신선한 발상과 기상천외한 기지

"저는 참신한 작가가 되기를 희망합니다. 그래서 항상 새로운 것을 남기려고 하죠. 그런데 '새로움'의 문제는 대중이 이에 대해 모르기 때문에 알려지는 데 시간이 걸린다는 점이에요. 그럼에도 한국 사람들은 새로운 것에 관심이 참 많은 듯합니다. 제가 한국에서 사랑받는 것도 그런 이유가 아닐까 싶어요."

2019년 tvN 〈미쓰코리아〉 출연 당시

"저는 아침에 일어나자마자 간밤의 꿈에 대해 기록하는 습관이 있습니다. 꿈속에 등장하는 내용이야말로 아무런 제약이나 거리낌 없이 제가 머릿속으로 생각하는 것들이 일어나는 세계기 때문에, 아침에 일어나자마자 간밤에 꾼 꿈을 기록합니다. 두 번째 제 상상력의 원천은 바로 환희입니다.

1997년 〈개미〉 초판 94세르본의 작가 소개

"프랑스의 천재 작가". 〈개미〉라는 아주 놀라운 소설로 문단에 발을 들여놓자마자 베스트셀러 작가의 대열에 합류한 베르나르 베르베르를 두고 한 비평가가 한 말이다. 그러나 베르베르는 결코 천재 작가가 아니다. 왜냐하면 〈개미〉가 아무리 신선한 발상과 기상천외한 기지로 가득 찬 소설이라고 하더라도 이는 결코 우연의 산물이 아니기 때문이다. 지금까지 그의 행적이 보여주듯, 그는 아주 어려서부터 개미를 관찰하고 연구해온 개미 박사다. 소설 〈개미〉에 등장하는 천재 과학자 에드몽 웰스가 '개미 박사'인 것처럼…… 베르베르의 개미 관찰은 그가 개미들의 조직 생활과 일하는 모습에 매료되면서 시작된다. 그는 "개미의 입장에서 생각하고 개미집을 부수지 않게 된 것은 열두 살 무렵이었다"라고 고백한다. 그리고 열일곱이 되던 해에 베르나르는 자신이 첫 개미 도시를 방 안에 들여앉히면서 본격적으로 소설 〈개미〉를 구상한다. 그러던 중 1983년, 그의 개미 관찰은 획기적인 전기를 맞게 된다. '뉴스' 재단에서 마련한 콘테스트에서 아프리카 개미에 관한 즉 즐거움이죠. 상상한다는 것은 인생에서 매우 즐거운 일입니다. 새에 비유하자면 날기 위해 날개를 펼치는 것과 같은 이치죠. 처음 날개를 펼칠 때가 잠시 어려울 뿐이지 일단 날개를 펼쳐서 날기 시작하면 그것은 정말 즐거운 일이 됩니다. 상상력은 일종의 근육과 비슷하기 때문에 단련시키고 많이 사용할수록 더 발전된다고 생각합니다. 그렇기 때문에 제가 글을 매일 쓸 수 있는 이유는 새가 매일 날갯짓을 하면서 근육을 단련시키는 것과 같죠. 사실 우리 모두는 각자의 내면에 새를 한 마리씩 품고 있습니다."

2013년 SBS CNBC 인터뷰

"우리의 세계를 구원할 사람은 필시 여성들일 것입니다. 생명을 잉태하는 존재니까요. 이는 정치적 차원이 아니라 생물학적 차원의 문제입니다. 거대한 우주선을 여성 항해사에게 조종하게 하는 것은 어떤 의미에서 항상 남자들이 주인공인 성서를 조롱하는 것이기도 해요. 또한 앞치마를 두른 여성이라는 고정관념에 대한 도전이죠."

2006년 디렉트 수아 인터뷰

120번에 가까운 개작
"이야기를 효과적으로 전달하기 위해서는 지식인층만이 아니라 모든 독자를 대상으로 글을 써야 합니다. 저는 글을 쓸 때마다 항상 최대한 간결하고 명확하며 쉽게 쓰려고 노력해요. 한 가지 분명하게 말씀드릴 수 있는 것은 복잡하고 어려운 단어를 써서 길고 난해한 문장을 쓰는 것보다, 간단하고 쉬운 문장을 쓰는 일이 훨씬 어렵다는 사실입니다. 제 소설도 초고의 경우 문학적 느낌이 더 강한데요, 어떤 사람이 읽어도 내용이 분명하고 쉽게 전달되도록 단순화하고 다듬는 과정을 계속 거칩니다. (중략) 가능한 한 불필요한 군더더기는 다 없애려고 노력하죠."

2006년 라디오 프랑스 인터뷰

리포트로 호평을 받은 것이다. 작가는 군대로 아프리카의 코트디부아르로 가서 '마낭개미'를 관찰하고 돌아온다. 그는 귀항하면서 하나의 강박관념, 즉 개미들의 이야기를 사람들에게 들려주고 개미집의 복잡하고 이상한 세계로 사람들을 안내해야겠다고 생각한다. 그는 이때부터 자신의 퍼스널 컴퓨터를 혹사하면서 120번에 가까운 개작을 거듭한 끝에 1991년 봄, 드디어 소설 〈개미〉를 탈고한다. 그는 〈과학과 미래〉의 그랑프리와 팔리시상을 받았으며, 〈개미〉는 이미 100여 개국에 판권이 팔렸다. (후략)

저널리스트

"기자로 살 때는 별로 행복하지
않았어요. 위계라는 것이
존재했고, 정해진 관습이라는
것이 존재했으니까요.
이런 조직은 새로운 것에
그다지 관심이 없고 늘 비슷한
것을 반복하려 하죠. 이런
조직 속에서 제가 어떤
새로운 것을 제안하면
늘 퇴짜를 맞았어요. 그만큼
폐쇄적이었다는 뜻이에요.
작가가 되고 나서 이런
제약이 존재하지 않는 세계를
만나게 됐어요. 한계라고는
제 상상력뿐이었죠."

2021년 〈아주경제〉
'김호이의 사람들' 인터뷰

1997년
《타나토노트》 초판 15세판의 작가 소개

우리에게 소설 《개미》로 잘 알려진 프랑스의 '천재 작가'
베르나르 베르베르. 그는 열두 살 무렵부터 개미를 관찰했고,
그때부터 개미만 가지고 20여 년의 세월을 보냈으며,
개미에 관한 소설을 쓰기 위해 12년 동안 컴퓨터와 씨름한
놀라운 작가다. 한 가지 주제를 화두처럼 붙잡고 앉아
오랜 세월을 보냈다는 사실이 그를 세상물정에 어두워도
한참 어두운 금방 퇴물처럼 보이게도 하지만, 단순히
금방 퇴물이라고 단정 짓기엔 그의 경력이 좀 엉뚱하다.
1961년생인 그는 고향 툴루즈에서 법학을 전공하고, 국립
언론학교에서는 저널리즘을 전공했다. 대학 졸업 후에는
〈르 누벨 옵세르바퇴르〉에서 저널리스트로 활동하면서 과학
잡지에 개미에 관한 평론을 발표하곤 했다. (후략)

다른 눈높이에서 바라본 세상

"저는 제 책을 통해 문제를
해결해나가는 실마리를
찾으려고 합니다. 소설가의
입장에서 한 걸음 뒤로
물러나 과연 어떻게 헤쳐나갈
것인가 곰곰이 생각해보는
것이죠. 저는 인류가 앞으로도
계속 발전하고 더 나은 삶을
살 수 있다고 생각해요. 설령
지금은 그 길을 걷고 있지
않다고 할지라도 언제든지
그 길을 찾아갈 수 있을
겁니다. 대다수가 실패하고
단 두 명이라도 남아 있다면
가능하다고 저는 믿습니다.
인류가 쌓아온 지식의
보고인 책을 통해 인류의
지혜와 희망이 세대에서
세대로 이어지잖아요. 먼
훗날 실제로 우주선을 만들어
새로운 행성을 찾아 떠나게 될
때 제 책도 유용하게 쓰일지
모르죠. 호모 사피엔스에서
호모 스텔레이스 Homo
stellaris(별의 인간)로 진화하는
새로운 단계에서 말입니다."

*2006년 라디오 프랑스
앙테르나시오날 인터뷰*

타고난 글쟁이

"문학적 오르가슴을 느낀다는
말은 농담이 아닙니다.
사실 굉장히 짧은 순간이지요.
어느 한순간 제 자신이
누구인지, 제가 무엇을
하고 있는지 잊어버린채
오로지 제 소설 속 인물들과
함께 있는 겁니다. 이럴 때
갑자기 누가 찾아온다거나
전화벨이 울리면, 누가 흔들어
깨운 것처럼 소스라치게
놀라 정신을 차리게 되죠.
저는 독자들도 이런 황홀한
순간을 즐겨야 할 것 같은데,
그러기 위해 일단 제 자신이
이런 기쁨을 맛보는 거예요."

2006년 라디오 프랑스 인터뷰

1999년
《아버지들의 아버지》 초판 1쇄본이 작가 소개

(전략) 그의 작품들은 인간 중심의 세계관에서 벗어나 다른 눈높이에서 바라본 세상을 여러 방면에서 제시하고 있다. (후략)

2002년
《뇌》 초판 1쇄본이 작가 소개

베르베르는 일곱 살 때부터 단편소설을 쓰기 시작한 타고난 글쟁이다. 1961년 툴루즈에서 태어나 법학을 전공하고 국립 언론학교에서 저널리즘을 공부했다. '별들이 전쟁' 세대에 속하기도 하는 그는 고등학교 때는 만화와 시나리오에 탐닉하면서 《유포리》를 발행했고, 올더스 헉슬리 Aldous Huxley와 허버트 조지 웰스 Herbert George Wells를 사숙(私淑)하면서 소설과 과학을 익혔다. (후략)

연극

"보통 프랑스에 10만 명의 독서 인구가 있다고 하는데요, 이는 그다지 많은 수가 아닙니다. 따라서 이제는 이미지나 영상도 활용해볼 필요가 있다고 생각해요."

"저는 시나리오와 사진에 대해서도 공부했습니다. 영화 제작 과정에는 여러 어려움이 있는데, 저는 이런 장애물을 하나씩 극복하는 것을 좋아합니다. 사실 이번 〈우리의 지구인 친구들(Nos amis les Terriens)〉이라는 영화의 제작 과정은 모든 것이 하나하나 특별하고 새로웠습니다. 이 영화는 리얼리티 TV 프로그램 같은 측면도 있고, 다큐멘터리가 지닌 특성도 반영되어 있습니다. 매우 독창적인 영화죠. 보통의 영화들과는 확연히 구분되기도 하고요. 그런 점에서 일반 관객이 선뜻 다가가기 어렵게 느껴질지도 모르겠네요."

2006년 라디오 프랑스
앙테르나시오날 인터뷰

쥘 베른

"저는 쥘 베른 Jules Verne을 무척 좋아하고, 제 자신이 그의 계승자가 됐으면 하는 바람도 있습니다. 쥘 베른은 인류가 어디를 향해 가고 있는지 항상 궁금해했습니다. '인류가 어디로 가고 있는가'라는 질문을 던지는 모든 사람과 마찬가지로 저 역시 제 자신이 쥘 베른의 계승자라는 생각이 듭니다."

"쥘 베른은 미지의 세계에 대한 탐험의 길을 열어준 선구자라고 할 수 있습니다. 그러나 한 가지 짚고 넘어갈 점은 쥘 베른은 과학이 인류를 구원할 수 있다고 믿었지만, 제가 〈파피용〉에서 이야기하고 싶었던 점은 과학보다 우리의 사고방식이 먼저 바뀌어야 한다는 사실입니다. 우리 머릿속에서 변화가 일어나지 않으면 아무리 훌륭한 과학기술이 있더라도 소용 없으니까요."

2006년 라디오 프랑스
앙테르나시오날 인터뷰

독자들에게 즐거움을 선사하고자 하는 소설가의 본분에 충실

(갈수록 작품 속에서 과학의 비중이 줄어드는 이유를 묻는 질문에 대해) "문학은 고정된 것이 아닙니다. 그리고 저는 대중 저술을 하는 과학자가 아니라, 새로운 우주를 창조하는 사람이죠. 〈신〉 연작을 쓰면서 저는 일관성 있는 세계를 창조하려고 애썼습니다. 제 목표는 무엇보다 이야기를 들려주는 것입니다."

2006년 디렉트 수아 인터뷰

2004년 〈인간〉 초판 1쇄본의 작가 소개

(전략) 프랑스에서는 이미 연극 무대에 올라 처음 막을 올린 뒤로 연일 객석이 가득 차는 대성공을 거두고 있는 이 작품은 그의 다른 책과 마찬가지로 특유의 유머를 곁들인 친근한 어조로 우리를 환상과 사색의 공간으로 이끈다.

2007년 〈파피용〉 초판 7쇄본의 작가 소개

(전략) 젊은 나이에 프랑스에서는 물론, 전 세계적으로 가장 많이 읽히는 작가 중 한 사람으로 자리를 굳혔다. (중략) 독자는 베르베르를 '21세기의 쥘 베른'이라 평하기도 했다. 하지만 베르베르는 여전히 자신은 독자들에게 즐거움을 선사하고자 하는 소설가의 본분에 충실할 뿐이라고 말하고 있다.

"제 소설은 고전 SF가 아닙니다. 예컨대 〈개미〉는 충분히 현실세계, 즉 우리의 삶 속에서 발생할 수 있는 일을 다루죠. SF 소설을 즐겨 읽지 않는 사람도 〈개미〉를 좋아하는 건 이 작품이 특정 장르에 얽매여 있지 않아서가 아닐까요? 저는 하나의 장르에만 천착할 생각이 없습니다."

2009년 〈필름2.0〉 인터뷰

사랑받은 소설가

"아무래도 제가 항상 뭔가 새로운 것을 보여준다는 점 때문 아닐까요? 기존과 비슷하거나 평범하지 않은 신선한 이야기 말이죠."

2006년 라디오 프랑스 인터뷰

2017년
〈잠〉 초판 1쇄본의 작가 소개

(전략) 2016년 조사에 따르면 그는 한국에서 지난 10년간 가장 사랑받은 소설가다. (후략)

2022년
〈상대적이며 절대적인 고양이 백과사전〉
초판 1쇄본의 작가 소개

(전략) 그의 작품은 35개 언어로 번역되었으며, 전 세계에서 3000만 부 이상 판매되었다.

Line-up

지난 30년간 베르나르 베르베르의 작품 세계는 꾸준히 범위를 넓혀왔다. 최근에는 데뷔 30년만에 처음 선보이는 자전적 에세이 〈베르베르 씨, 오늘은 뭘 쓰세요?〉를 통해 삶과 글쓰기에 관한 진솔한 이야기를 들려주기도 했다. 개미라는 타종으로 시작해 인간의 내면과 우주, 초자연적 존재까지 넘나드는 그의 역대 작품을 톺아보았다.

1 타종과의 대화

2 인간탐구

3 우주

4

5

6

내면과의 대화·초자연적 존재 탐구

정신의 가능성

상상력의 산물

타종과의 대화

베르베르는 여덟 살 무렵 이미 벼룩의 입장이 되어
픽션을 쓰기 시작했다. 이후에도 작가는 비인간을 주인공
삼아 그의 관점에서 바라본 이야기를 써나갔다. 소설
속에서 개미나 고양이 등 비인간 존재가 되어 그 입장에서
인간의 행동을 관찰해온 것이다.

1993	개미
2002	뇌
2004	인간
2018	고양이
2021	문명
2022	행성

개미

"'아시게 되겠지만 그건 당신이 기대하는 것이 전혀 아닐게요.'
공중인은 그 가옥이 역사적인 기념물로 지정되어 있고
르네상스 시대에 늙은 현인들이 거기에 살았으며 그 현인들의
이름은 이제 생각이 나지 않는다고 설명했다."

베르베르는 여섯 살부터 개미를 연구해왔고,
코트디부아르까지 마냥개미를 찾아나섰으며,
〈르 누벨 옵세르바퇴르〉에 개미에 관한 평론을
발표해온 개미 전문가다. 이러한 그의 첫 소설
〈개미〉는 신선한 발상과 기상천외한 기지로
개미들의 전쟁과 모험, 사랑 이야기를 그린다.
더불어 개미와 관련 있는 인간이 한 명씩
죽음을 맞이하는 상황을 교차적으로 보여주며
미스터리한 분위기를 이어나간다. 그는 이
책으로 한국에서 단번에 베스트셀러 작가로
등극했다. 이 책은 출간 즉시 10여 개국에
판권이 팔렸고, 한국에서만 170만 부 이상
판매됐다.

독특한 소재, 흠잡을 데 없는 전개,
지루할 틈 없는 속도감(Lor**)

개미가 위대하다고 생각해본 적은 한순간도
없었는데, 이 책을 읽고 난 후 개미는
경이롭기까지 했다.(cho*****)

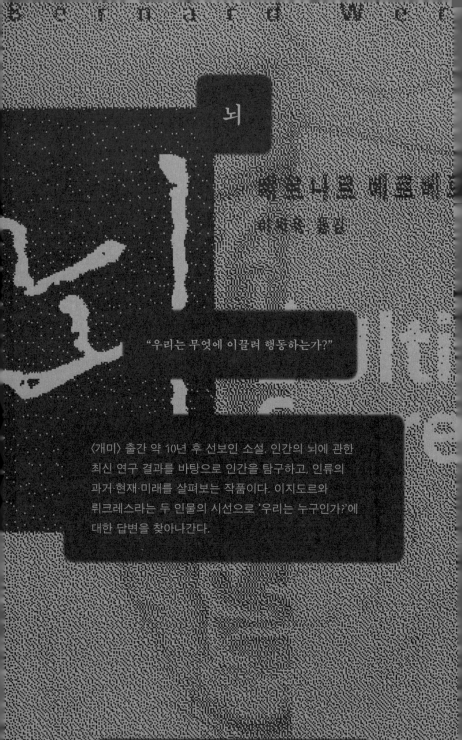

뇌

"우리는 무엇에 이끌려 행동하는가?"

〈개미〉 출간 약 10년 후 선보인 소설. 인간의 뇌에 관한
최신 연구 결과를 바탕으로 인간을 탐구하고, 인류의
과거·현재·미래를 살펴보는 작품이다. 이지도르와
뤼크레스라는 두 인물의 시선으로 '우리는 누구인가?'에
대한 답변을 찾아나간다.

베르나르 작품 중 나에게 가장 큰 영향을
끼친 작품. 인간의 무한한 가능성을 느낄 수
있다. 스스로에게도 가능성이 있다고 확신할
수 있다.(이*)

인

간

"어둠 속에서 충격음이 세 차례 울린다."

베르베르가 처음으로 희곡의 형식으로 쓴 〈인간〉은
프랑스에서 출간 직후 베스트셀러 1위를 차지했다.
30만 부 이상 팔린 인기 작품이며, 연극으로 공연되기도
했다. 등장인물은 우주의 한 유리 감옥에 갇힌 남자와
여자가 전부다. 특유의 유머와 쉬운 문장으로 독자를
환상과 사색의 세계로 이끈다.

인간의 존엄성을 다시 생각해보게
만드는 책(nana**)

고 양 이

"인간을 이해하는 고양이,
내가 그간 겪은 우여곡절은
이루 말할 수 없다."

고양이를 주인공으로 한 소설. '바스테트'라는 이름의
암고양이가 본 세계사를 담았다. 배경은 테러와 내전이
벌어지고 있는 프랑스 파리, 전염병이 돌고 사람들은 쥐 떼에
점령당해 도시를 떠난다. 무리를 이룬 고양이는 도시 탈환을
계획하고, 그렇게 하려면 인간의 도움이 꼭 필요하다. '고양이
3부작'으로 불리는 시리즈의 첫 작품이다.

일단 첫 페이지를 읽는 순간 마지막
페이지까지 단숨에 읽어버리게 만들
정도로 극강의 엔터테인먼트적 재미와
높은 흡인력을 보여준다.(***족)

"인간도 마찬가지니 성급히 일반화하지는 말아라. 설마 그 많은 수의 인간들이 다 실망스럽기야 하겠니. 틀림없이 괜찮은 인간도 섞여 있을 거야. – 고양이 바스테트의 어머니"

문명

'고양이' 3부작의 두 번째 시리즈. 테러와 전쟁, 페스트로 무너져내린 인간 문명과 그를 바라보는 고양이 바스테트의 시점을 담은 소설이다. 고양이 군대의 목표는 쥐를 물리치고 살아남는 것이 아니라 새로운 문명을 만들어내는 것으로 발전했다.

우리가 〈문명〉을 읽는다는 건 어쩌면 대멸종을 막기 위한 예행연습이 아닐런지.(오*)

행성

"나 참, 기가 차서 야옹 소리가 안 나오네. 이 꼴을 보려고 그 고생을 하며 대서양을 건너왔단 말인지! 믿을 수 없는 광경이 눈앞에 펼쳐지고 있다."

'고양이' 3부작의 마지막 시리즈. 여전히 고양이 바스테트의 시점이다. 행성 지구의 운명을 놓고 소통과 상상력이 장점인 고양이가 과거 지배자였던 인간과 함께 압도적 수를 자랑하는 쥐에 맞서 최후의 결전을 벌인다. 유럽과 아메리카 대륙의 쥐들이 동맹을 맺은 사이 남은 인간은 테러와 질병을 피해 고층 빌딩에 숨어 지내고, 바스테트는 신세계를 찾아 대서양을 건넌다.

언제나처럼 소설의 가독성은 아주 좋다.(행인**)

인간탐구

베르베르는 인류가 가진 희망이 무엇인지 끊임없이 궁리하는 작가다. 인간의 발전 단계와 특징에 대해 연구한 내용을 바탕으로 더 나은 세계를 만들어가는 방법을 찾아낸다.

| 1999 | 아버지들의 아버지 |
| 2011 | 웃음 |

아버지들의 　　　아버지

"1. 세 가지 질문 - 우리는 누구인가? 우리는 어디로 가는가? 우리는 어디에서 왔는가?"

인간 진화의 수수께끼를 본격적으로 탐구한 과학 스릴러. 인류 진화의 수수께끼를 풀어낸 과학자가 도움을 요청하는 편지로 소설은 시작된다. 새천년을 앞두고 베르베르는 우리의 근원에 대해 관심을 기울인다. 과학소설이자 모험소설인 동시에 추리소설인 이 소설을 통해 인류가 지난 100만 년 동안 어떻게 변해왔는지, 잊어서는 안 될 진실을 깨달을 수 있다.

"우리는 왜 웃는가?"

유머의 생산과 유통을 소재로 쓴 미스터리 소설. 침입의 흔적이 없는 분장실에서 국민 코미디언 다리우스는 폭소를 터뜨린 다음 죽는다. 경찰은 과로사로 단정 짓고 수사를 종결하지만, 주인공은 남은 의문을 마저 쫓는다. 범죄소설의 형태를 띤 이 작품으로 작가는 웃음이 무엇인가에 대한 과학적·사회적·근원적 질문에 답한다.

웃
음

우주

베르베르는 상상력으로 사후 세계를 탐험하듯 우주의 외계 행성도 방문한다. 인간은 의지로 진화를 이룰 수 있다고 생각하는 작가의 굳은 믿음과 함께 그의 작품 속 세상은 멀리 우주까지 무한히 확장된다.

2007	파피용
2013	제3인류
2020	심판

파

피

용

"태초에 바람이 있었다. 소금기를
  머금은 위력적인 바닷바람."

개미들의 세계, 영계 탐사단, 인간 두뇌의 비밀
등 독특한 소재를 다룬 베르베르가 우주로
시선을 돌린 작품. 인류는 멸망을 앞둔 지구를
떠나 새로운 희망의 별을 찾아 나서기 위해
14만4000명을 태운 범선 파피용호를 띄운다.
노아의 방주를 떠오르게 하는 이 설정으로 그는
'21세기의 쥘 베른'이라는 평을 받은 바 있다.

똑같은 실수를 반복해오고 있음에도
'인간'이라는 존재에 대한 믿음과
희망을 보여주는 베르나르 베르베르의
'파피용'이다.(김**)

제 3 인류

> "인간은 진화할 수 있을까? 때로는 그들이 나를 불안하게 한다."

베르베르 특유의 상상력이 돋보이는 장대한 스케일의 과학소설. 인류가 자멸을 향해 달려가는 미래의 어느 시점. 위기를 뛰어넘으려고 하는 과학자들의 이야기를 전한다. 과학소설에 판타지 요소와 우화적 수법을 더한 독특한 서사 방식을 통해 인류의 성장사를 새롭게 바라볼 수 있는 장을 마련해준다.

10장 읽어보고 바로 구매(최**)

심 판

BIENVENUE A

> "불 꺼진 스크린.
> 아나톨: 아아악!"

베르베르가 〈인간〉에 이어 다시 한번 시도한 희곡. 천국의 법정을 배경으로 판사, 검사, 변호사, 피고인이 설전을 펼친다. 주인공인 피고인 아나톨은 폐암 수술 중 숨을 거둔다. 그는 스스로를 좋은 학생, 시민, 남편이자 훌륭한 직업인이었다고 주장하지만, 검사는 그가 자신의 가능성을 최대로 발휘하지 못한 죄를 낱낱이 들춰낸다.

살아온 과정을 한 번 더 생각하게 하는 책, 그리고 앞으로 살아가야 하는 길잡이가 되어주는 책(dn*****)

50

내면과의 대화·
초자연적 존재 탐구

작가는 어려서 강직성 척추염을 앓았다. 몸이 마비되어 움직일 수 없는 시간을 보내며 명상과 요가 등 내면으로 여행을 떠나는 일에 관심을 가졌다. 그는 주로 종교와 신화, 죽음과 환생 등의 주제를 넘나들며 내면을 들여다본다. 2020년 〈기억〉 출간 이후로는 관객을 상대로 유도 최면을 걸고 내면 여행을 할 수 있게 하는 공연을 펼치기 시작했다.

1994	타나토노트
1998	여행의 책
2000	천사들의 제국
2008	신
2010	파라다이스
2010	카산드라의 거울

타나토 노트

"1. 역사 교과서 – 옛날에 사람들은
너 나 할 것없이 죽음을 두려워하였다."

2068년에 구성될 최초의 영계 탐사단.
타나토노트의 이야기를 담은 소설. 작가는
죽음을 뜻하는 그리스어 '타나토스 thanatos'와
항해자를 뜻하는 '나우테스 nautes'를 합쳐
타나토노트라는 이름을 지었다. 책은 죽음
너머의 삶과 영혼, 최후의 심판과 환생 등은 물론
여러 민족, 나라, 신화와 종교에서 발췌한 죽음에
대한 이야기를 다룬다.

읽고 있으면 죽음이
두렵지 않게 되는.(앵*)

여행의 책

"저는 한 권의 책이며 그것도
살아 있는 책입니다."

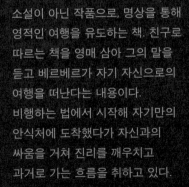

소설이 아닌 작품으로, 명상을 통해
영적인 여행을 유도하는 책. 친구로
따르는 책을 영매 삼아 그의 말을
듣고 베르베르가 자기 자신으로의
여행을 떠난다는 내용이다.
비행하는 법에서 시작해 자기만의
안식처에 도착했다가 자신과의
싸움을 거쳐 진리를 깨우치고
과거로 가는 흐름을 취하고 있다.

책을 읽으면 읽을수록 베르나르 베르베르의 놀라운
박식함과 상상력을 느낄 수 있다.(you*****)

천사들의 제국

"지금 나는 죽음을 맞고 있다."

파격적으로 설정한 천국의 모습을 간접적으로 묘사하는 작품. 〈타나토노트〉에서 죽음을 탐사하던 주인공 미카엘 팽송이 천사가 되어 3명의 인간을 돌보게 된다. 〈상대적이며 절대적인 지식의 백과사전〉의 저자이자 〈개미〉에서 꾸준히 언급된 '에드몽 웰스' 박사가 등장하며, '나탈리 김'이라는 한국인 캐릭터도 나온다. '내세' 3부작 중 두 번째 작품이다.

몸이 녹아 흘러 책 속으로 들어가는 느낌이다.(황*)

신

"1. 백과사전: 태초에 무가 있었다. 태초에는 아무것도 존재하지 않았다."

〈신〉은 프랑스에서 100만 부 가까이 팔린 히트작이다. 베르베르가 9년에 걸쳐 준비한 소설로, 가히 '베르베르식 우주의 완성'이라 할 만하다. 〈타나토노트〉에서는 영계 탐사단, 〈천사들의 제국〉에서는 수호천사로 활약한 미카엘 팽송이 이번에는 신의 후보생이 되어 신이 되기 위한 경쟁에 뛰어든다. 저마다 다른 개성으로 새로운 세계를 빚어내는 신들의 모습을 통해 작가는 인간 세상을 우의적이면서도 유머러스하게 풍자한다.

엄청난 반전. 그러나 난 스포일러는 안 합니다. 사서 보시오.(whit*****)

파 라 다 이 스

"목 매달린 사람이 시퍼런 혀를 빼물고 있었다."

기상천외한 미래와 역설 가득한 과거의 이야기 17편이 실려 있는 단편집. 남성은 전설이 된 채로 여자만 남은 세계, 과거를 기억하는 일이 금지된 사회, 농담의 발원지를 추적하는 코미디언의 모험 등 우화나 신화를 연상케 하는 흥미로운 이야기들이 펼쳐진다. 한국어판에는 강렬한 그림체로 주목받는 일러스트레이터 5명이 작품에 대한 독자적 해석으로 그린 그림을 함께 실었다.

황당한 듯 보이지만 오히려 상상보다 더한 현실에서 뻗어나간 특유의 상상력을 꽤나 견고하게 구축해서 나중에 '아!' 하게 만드는 능력이 탁월한 것 같다고 생각한다.(boho**)

카산드라의 거울

"우리는 미래를 볼 수 있는가?"

과거는 전혀 모르지만 미래의 재앙을 예언하는 카산드라와 4명의 노숙인이 등장하는 소설로, 그들은 인류의 미래를 구하고 예언 능력의 비밀이 숨겨진 과거를 쫓는다. 우리는 미래를 볼 수 있는지, 볼 수 있다면 그 미래를 바꿀 수 있는지가 소설의 화두. 과학적·신화적 상상력을 바탕으로 현실 사회의 이슈를 사실적으로 묘사한다. 한국인 캐릭터 '김예빈'이 주연급 캐릭터로 등장한다.

아마도 그는 기대를 저버리는 일 따위는 하지 않을 것 같다.(비**)

정신의 가능성

죽음은 〈타나토노트〉 이후 꾸준히 베르베르의
관심사였다. 작가는 과학 잡지 기자 시절 임사 체험에
관한 기사를 기획하며 수집한 자료에 상상력을 더해
죽음 이후의 세상에 대한 글을 써왔다. 그의 세계에서
인간은 몸을 떠나도 소멸하지 않는다. 3차원을 벗어난
세계에 머무르거나 환생을 겪으며 거대한 순환의
일부로 존재한다.

Le sixième sommeil

> "'잠은 잘 자요?' 극히 사적인 영역을 건드리는 이런 질문은 듣는 사람 입장에서는 무례하게 느껴져 당혹스럽다."

잠

꿈속을 모험하는 과학소설. 인간의 뇌 활동이 가장 활발히 일어난다는 제6단계 수면을 소재로 한다. 주인공은 유명한 신경 생리학자 카롤린 클라인 교수의 아들 자크 클라인. 실험 도중 피실험자가 사망하자 그 충격으로 카롤린이 사라지고, 아들은 꿈속에서 20년 뒤의 자신을 만난다. 어머니를 구하러 가라는 미래의 자신이 전한 말에 그는 '꿈의 민족'이라 불리는 세이노족을 찾아 떠난다.

재밌어서 1편 읽는 중간에 바로 2편 주문함.(안**)

기 억

> "당신이라고 믿는 게 당신의 전부가 아닙니다. 당신은 누구인가요? 당신이 진정 누구인지 기억할 수 있나요?"

〈기억〉의 배경은 '판도라의 상자'라는 이름의 최면 공연장. 역사 교사인 르네가 주인공으로 등장한다. 공연을 관람하다가 체험 대상자로 선택된 르네는 전생의 기억을 보게 된다. 제1차 세계 대전에 참전한 군인으로 생생하고 강렬한 전생의 기억에 시달리던 그는 뜻밖의 사건을 저지르고 경찰에 쫓긴다. 전설과 역사를 넘나드는 작가의 상상력이 돋보이는 작품이다.

독서 슬럼프일 때 가독성 높고 편하고 재밌는 책을 읽어줘야 다시 독서 욕구가 생기는데, 베르베르는 이런 요건을 잘 충족해줍니다.(고양이라**)

그리스 신화에 대한 내용과 프랑스의 잘못된 역사를 바로잡는 책(dkd*****)

죽음

"누가 날 죽였지?"

〈죽음〉에는 베르베르와 닮은 캐릭터인 가브리엘 웰스가
주인공으로 등장한다. 웰스는 범죄학·생물학·심령술
등 여러 분야에 관심이 많으며, 장르 문학을 기반으로
이야기를 풀어나가는 인기 소설가다. 책은 웰스가 자기
방에서 갑작스러운 죽음을 맞이하면서 시작된다. 떠돌이
영혼이 된 그는 영매의 도움을 받아 자신이 왜 죽어야
했는지 이유를 파헤친다.

베르베르가 쓰는 추리소설은 이렇게 지적이고,
스타일리시하고, 유머러스하구나. 마지막까지
느슨함 없이 끌고 가는 베르베르식 상상력!(정**)

꿀벌의

예언

"앞으로 무슨 일이 벌어질까?"

2053년 미래는 꿀벌의 멸종으로 인해 생태계가
파괴되고 그로 인해 농작물이 열매를 맺지 못해
식량난이 발생한다. 식량 문제는 결국 제3차 세계 대전을
불러오고 핵무기까지 사용되며 인류는 멸망할 위기에
처한다. 이 모든 문제를 해결할 방법은 중세 시대에
쓰인 예언서 〈꿀벌의 예언〉에 적혀 있다고 한다. 시간
여행부터 양자 역학, 꿀벌의 생태까지. 십자군 전쟁의
역사 속에 베르베르의 상상력과 과학 지식이 맞물려
돌아가며, 아무도 상상 못 했던 이야기가 펼쳐진다.

베르베르는 장편뿐 아니라 단편소설의 강자기도 하다.
그의 단편들은 참신한 소재와 놀라운 설정만으로 독자의
마음을 사로잡곤 한다. 그런가 하면 그의 관심사와 지식
등 방대한 정보를 담은 백과사전 형태의 작품 역시
큰 사랑을 받아왔는데, 이는 소설과는 또 다른 방식으로
놀라움을 선사한다.

나

무

"이봐요, 일어나야 돼요. 기상 시간이에요."

18편의 단편소설을 묶어 만든 책. '인간은 파국을
피할 수 있을 것인가', '인간은 지식의 한계를
돌파할 수 있을까', '인간은 스스로 진보할 수
있을 것인가'에 대한 베르베르 나름의 대답과
같은 이야기들이 실려 있다. 〈나무〉는 한국에서
출간 후 곧바로 베스트셀러 1위에 올라 그의
인기를 증명했다. 작가 특유의 유머와 쉬운 문장
구조로 독자를 환상과 사색의 세계로 이끈다.
프랑스어판과는 달리 한국어판에는 프랑스 최고의
만화가 뫼비우스가 그린 30여 점의 컬러 삽화가
실렸다.

이 상상력 속에 담긴 주제들의
위대함을 맛보라. 현실을 돌아보게
하는 단편들.(sta*****)

상대적이며 절대적인
지식의 백과사전

"나는 나와 생각이 같지 않은 이들을
설득하기 위해 말하는 게 아니다.
-에드몽 웰스"

베르베르가 열네 살에 쓰기 시작한 책. 열여섯 살에
〈개미〉의 집필에 착수한 그는 이 백과사전을 활용해 전에
없던 과학소설을 썼다. 그는 "생각할 거리를 제공하기
위해 여기저기 널린 과학, 철학, 정치학 등의 자질구레한
지식을 모아놓았다"라고 설명한다. 작가는 알려지지
않은 부분에 빛을 비추고 질문을 던지며, 대답은
독자가 찾도록 유도하는 식. 아울러 작가는 독자들이 이
백과사전을 아무 방향으로나 마음 내키는 대로 읽어도
좋은 소설쯤으로 여겨주기를 바란다고 당부했다.

베르베르의 작업 노트를 들여다본다고
생각해도 좋겠다.(카일**)

베르나르 베르베르의

"내가 생각하는 것, 내가 말하고 싶어 하는 것, 내가 말하고 있다고 믿는 것, 내가 말하는 것, 그대가 듣고 싶어 하는 것, 그대가 듣고 있다고 믿는 것, 그대가 듣는 것, 그대가 이해하고 싶어 하는 것, 그대가 이해하고 있다고 믿는 것, 그대가 이해하는 것, 내 생각과 그대의 이해 사이에 이렇게 열 가지 가능성이 있기에 우리의 의사소통에는 어려움이 있다."

1996년 <상대적이고 절대적인 지식의 백과사전>에 230개 이상의 항목을 더한 확장판이자 베르베르식 백과사전의 결정판. 그의 노트에는 스스로 떠올린 영감, 관념을 뒤집는 사건, 수수께끼와 미스터리 등이 담겨 있다.

익숙하지 않은 것은 신선하고 낯선 것은 신비롭다. 두고두고 볼 책이다.(정*)

상대적이며 절대적인
고양이 백과사전

"지구는 지금으로부터 약 45억 년 전에 태어났다."

고양이에 대한 작가의 지대한 관심을 직접적으로 보여주는 책. '지구 최초의 고양이는 어떤 모습이었을까', '중세 시대에 고양이가 마녀의 부하라는 소문은 왜 퍼졌을까', '고양이의 말랑말랑한 발바닥은 높은 곳에서 뛰어내릴 때 어떤 역할을 할까' 등 고양이에 얽힌 옛 이야기부터 고양이 몸이 작동하는 원리까지 고양이 세계의 이야기를 다양하게 담았다. 137장의 삽화가 보는 즐거움까지 더한다.

말해 뭐합니까. 그냥 믿고 보는 거죠.(gun2****)

베르나르 베르베르는 그의 인생과 작품의
근간을 이루는 개념들을 어떻게 정의할까?
그가 직접 서술한 내용을 보고 그것이
어떤 개념인지 유추해보는 과정을 통해 우리는
그의 사고에 조금이나마 근접해볼 수 있다.
베르베르가 정의 내리는 2023년의 상대적이고
절대적인 단어 사전.

베르나르 베르베르가 서술한 다음의
정의를 읽은 후 무엇에 대한 설명인지
맞혀보세요. 정답은 뒤 페이지에서
확인할 수 있습니다.

Relative but Absolute

제 두 번째 고향과도 같은 곳에 사는 사람들입니다. 이들은 많은 고통을 겪었음에도 강한 회복력으로 살아남았죠. 그들은 세계를 놀라게 하기 위해 회백질(뇌)을 발달시킨 민족입니다.

저는 이 꿈의 존재를 믿지 않아요. 우리 모두는 자유의지로 매순간 미래를 만들어나가는 겁니다.

저는 의인화된 이것을 믿지 않습니다. 우리가 이해할 수 없는 더 높은 수준의 복잡한 존재일 거라고 생각해요. 하지만 이것을 의인화된 기독교 개념의 하느님으로 가정한다면 순수하고 무조건적인 사랑을 주는 존재, 즉 부모가 자녀를 사랑하듯 우리를 사랑하고 우리가 어리석은 짓을 하더라도 계속해서 우리를 도와주고 싶어 하는 존재일 것이라고 상상합니다.

영적 탐구라는 이름으로 사제들이 인간에 대한 권력을 장악하는 일. 영성은 개인의 경험인 반면 이것은 집단적 현상입니다.

우리는 자신이 죽을 때가 되어서야 비로소 이 세계의 진실을 알게 될 것입니다. 그때까지 영혼이 몸에서 살아간다고 생각하면 재밌는 일이죠.

이생에서 실패하더라도 다시 돌아올 수 있음을 암시하기 때문에 우리의 삶을 더 고요하게 만드는 또 다른 가설. 마치 학교 시험에 떨어진 것과 같다고 봅니다. 이 개념은 우리 삶의 과거와 미래에 대한 새로운 관점을 제공하죠.

한국인

예지몽

신

종교

사후 세계

환생

자연은 뺄셈이 아니라
덧셈으로 작용합니다. 어떤
종이 세상에 적응하지 못한
경우 비슷한 다른 종이
생겨납니다. 그런 다음 서로를
제거하는 일이 벌어지죠.

개가 사랑이라면 이 동물은
미스터리입니다. 그래서
낭만적이지요.

우리의 수호천사는 우리에게
무엇을 해야 할지 알려주는
신호를 보냅니다. 저는 그렇게
믿고 있습니다.

마음으로 할 수 있는
여행입니다. 명상을 통해서요.

같은 실수를 반복하지 않기
위해 이것에 대해 알아야
합니다. 우리 조상들이 한
일을 알게 되면 실수를 줄일
수 있죠.

생명이 있는 유일한 행성.
그런데 이 사실이 저를 매우
두렵게 만들기도 합니다.
우리의 책임이 그만큼
막중해지는 거니까요.

자연선택

고양이

징표

시간 여행

역사

지구

제 직업이죠. 세상의 모든 일 중 가장 아름답습니다.

시간과 공간을 넘어 생각을 퍼뜨릴 수 있는 역사상 가장 강력한 발명품입니다.

오늘날 우리에게 일어난 모든 좋은 일은 우리 조상들이 이 행위를 했기 때문에 생긴 겁니다. 아이들에게 좋은 세상을 물려주고 싶다면 우리는 지금 이 능력을 발휘해야 합니다.

이것은 인간을 더욱 겸손하게 만드는 사건입니다. 자연이 작동하는 방식을 인간에게 보여주며, 인간이 모든 걸 통제할 수 없다는 걸 알려주죠.

저는 이것을 꾸며 밤을 지새웁니다. 제 영감의 원천이기도 하죠. 이것을 꾸지 않는 인간은 미쳐버리고 말 겁니다.

이것은 우주의 모든 기적 중에서 가장 놀라운 것입니다.

스토리텔러

책

상상력

자연재해

꿈(백일몽)

생물

파리의 서쪽 끝에 위치한 불로뉴의
숲(Le Bois de Boulogne)을 좋아합니다.
조깅과 자전거를 즐기기 위해
찾는 곳이죠.

13:00

오전에는 글을 쓰고,
오후에는 이미 쓴 글을
다시 읽어보는 시간을
갖습니다.

13:30

14:20

컴퓨터는 애플의
아이맥 iMac을 사용합니다.
그리고 TV는 삼성 제품을
선호하는 편이죠.

저에게는 3명의 대가가 있습니다. 〈듄 Dune〉의 프랭크 허버트 Frank Herbert, 〈파운데이션 Foundation〉의 아이작 아시모프 Isaac Asimov, 〈유빅 Ubik〉의 필립 K. 딕 Philip K. Dick입니다. 이들 중 특히 필립 K. 딕은 제게 선생님과 같았죠.

15:00

사실 특별한 취미는 없어요.
바캉스도 지루하게 느껴져서 좀처럼
가지 않는 편입니다.

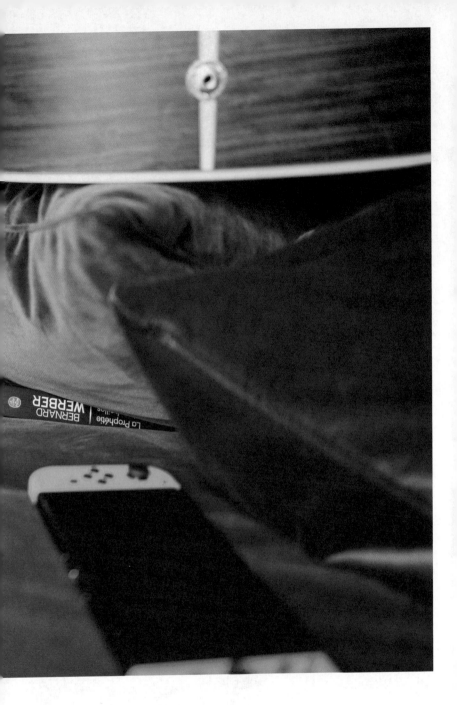

16:00

늘 음악을 가까이합니다. 어린 시절에는 잠시 록밴드를 결성하기도 했어요. 저는 클래식도 좋아하지만, KMD의 음악도 즐겨 듣습니다. 1980~1990년대 힙합이죠.

영상 작품에도 관심이 큽니다. 스탠리 큐브릭 Stanley Kubrick과 세르조 레오네 Sergio Leone, 영국의 코미디 그룹 몬티 파이선 Monty Python을 좋아해요.

16:30

Meet with Author

베르나르 베르베르는 확실히 이례적인 작가다. 프랑스 소설가지만 프랑스적이지 않다는 평을 듣는가 하면, 자국보다 한국이라는 동양의 작은 나라에서 더 큰 성공을 이루었다. SF 소설로 데뷔했지만, 이후 하나의 장르로 국한할 수 없는 다층적인 작품을 끊임없이 선보이며 하드 SF 팬들에게 '과연 베르나르 베르베르의 작품을 SF 소설이라 할 수 있는가'라는 논란을 일으키기도 했다. 하지만 파리의 한 카페에서 만난 베르나르 베르베르는 자신에 대한 평가나 논란 따위는 의식하지 않는 초연하고 순수한 이야기꾼의 모습이었다. 글을 쓰기 위해 그가 늘 찾는다는 카페에서 그의 집까지 함께 이동하며 그의 일상과 영감의 원천, 작가라는 직업에 대한 소회에 대해 들어봤다. 또 〈심령들이 잠들지 않는 그곳에서〉라는 작품을 통해 소설가로 데뷔한 그의 아들 조나탕 베르베르가 동석해 아버지이자 대선배인 베르나르 베르베르가 남긴 유산과 미래에 대한 이야기도 나눌 수 있었다.

현재 집필 중인 작품이 있나요? 혹시 어떤
작품인지 일부만 공개해줄 수 있을까요?

요즘에는 2023년 10월에 출간할 소설을 손보는
중입니다. 구체적인 내용은 10월에 확인해야겠죠?
(웃음) 그리고 2024년도에 낼 소설도 동시에
쓰고 있어요.

글을 쓰는 시간을 제외하고 혼자인 시간은
주로 어떻게 보내나요? 특별한 취미가 있는지,
삶의 재미를 어디에서 찾는지 궁금합니다.

제 일과는 매일매일 같아요. 글쓰기와 운동 그리고
명상을 제외하고는 특별한 취미가 없습니다. 심지어
바캉스도 가지 않죠. 바캉스라는 것 자체가 저에게는
지루한 영역이라고 느껴지거든요. 책 홍보를 위해
떠나는 여행이 저에게는 바캉스입니다.

그럼 가족들과는 주로 어떻게 시간을
보내나요? 가족과 함께하는 시간도 작품을
구상하고 집필하는 데 영감을 주나요?

별로 특별하지 않다고 생각합니다. 가족들과는 매일
저녁 식사를 하면서 정말 많은 대화를 나눠요. 가끔은
듣기 싫은 이야기도 난무하는 아주 평범한 저녁
시간이죠. 이런 대화가 무의식적인 측면에서 작품에
영향을 미칠 수 있겠지만, 특별히 영감을 받으려고
노력하지는 않는 편이에요.

규칙적인 글쓰기·운동·명상 등 여러 좋은
습관을 갖고 있는데요, 혹시 다른 이의 습관 중
본인의 것으로 만들고 싶은 게 있나요?

글쎄요. 그런 생각은 해본 적 없습니다. 제 하루는
이미 제가 만든 루틴으로 꽉 차 있거든요.(웃음)

빈틈 없는 루틴을 꾸준히 유지하는 습관은
삶을 단조롭고 지루하게 만들기도 하지
않을까요? 본인의 성실한 습관에서 벗어나고
싶은 순간은 없었는지 궁금합니다.

일상과 영감

절대요. 단언컨대 제 습관이 지루하다거나 바꾸고
싶다고 생각한 적은 한 번도 없어요. 저는 30년 동안
꾸준히 글을 써오고 있습니다. 이런 습관이 없었다면
지금처럼 오랫동안 이 직업을 해올 수 없었을 거라고
생각해요. 그리고 저는 글을 쓰면서 저만의 단조로운
생활에서 탈출한다고 느낍니다. 제가 글로 창조하는
세계를 경험하는 거니까요.

> 그럼에도 예상할 수 없고 새로운 도전이
> 가득한 삶에서 더 많은 영감을 얻을 수
> 있다고 생각해요.

모든 사람이 다 같을 수는 없겠죠. 저는 제 소설
속에서 정말 많은 것을 경험합니다. 환상적인 세계,
그리고 제가 상상하는 모든 것을 글을 쓰면서
경험하는 거죠. 우리 눈에 보이는 게 전부는 아니라고
말하고 싶어요.

> 작품에 대한 영감은 주로 어디에서 받나요?

작가가 되기 전 기자로 활동했는데, 그래서인지
세상 돌아가는 소식에서 많은 영감을 얻죠. 뉴스가
전하는 소식들이 저에게는 마치 한 편의 드라마
같아요. 우크라이나 전쟁 소식을 비롯해 세계 각국의
뉴스를 보면서 그 결과가 어떻게 될지 상상하곤 하죠.
여러 영감의 원천 중에서 가장 인상적이었던 것을
몇 가지만 꼽을 수는 없어요. 크고 작은 뉴스 모두
저에게는 의미 있는 사실이고, 무의식중에 중요한
역할을 하거든요.

> 이러한 영감을 꾸준히 작품으로 집필하고
> 있다는 실행력 측면에서도 참 대단한 작가인
> 것 같은데요, 남다른 실행력의 비결은
> 무엇인가요?

흠, 글쎄요. 아마도 호기심이 아닐까요? 작가라는
직업을 꾸준히 이어나가려는 저만의 노력도
있겠고요. 언젠가 사람들이 제 책을 더 이상 읽지
않는다면 모를까 그 전까지는 꾸준히 제가 해야 할

베르나르 베르베르는 하루도 빠짐없이 자신이 정한
시간에 글을 쓰는 성실한 작가로 알려져 있다.

일을 해나가야 한다고 생각해요.

> 보통 '상상력의 거장'으로 불리는데, 자신이
> 생각하는 상상력의 원천은 무엇인가요?
> 그리고 과거 "상상력은 일종의 근육과
> 같아서 단련할수록 더 발전된다"라고 말한
> 바 있는데요, 상상력을 단련시키기 위해 어떤
> 노력을 하는지도 궁금합니다.

저는 항상 저만의 완벽한 세계를 꿈꾸고 있어요.
굉장히 긍정적인 방향으로 말이죠. 그런 식으로
생각하다 보면 저절로 상상의 세계로 빠져들게
됩니다. 상상력 단련을 위한 최고의 방법은 제가 늘
하는 것처럼 간밤의 꿈을 적는 거예요. 꿈을 적는
과정 자체가 굉장한 노력이라고 생각해요. 무의식이
전달하려는 메시지를 받아내는 작업이거든요. 예를
들어, 매일 아침 조깅을 한다고 생각해보세요. 시간이
흐를수록 우리 몸은 더 단단해지겠죠. 상상력도
이와 같아요. 매일매일 새로운 생각을 하는 노력을
기울인다면 새로운 무언가를 만들어내는 과정은 점점
더 쉬워질 테니까요.

> 상상력은 작가나 영화감독 등 창작가뿐
> 아니라 평범한 삶을 사는 사람들에게도
> 도움이 되는 능력일까요? 만약 그렇다면 어떤
> 면에서 도움이 된다고 보나요?

물론 도움이 된다고 생각합니다. 저에게 상상력은
다른 말로 '자유'를 상징하거든요. 틀에 박힌 생각에서
빠져나올 수 있게 도와줍니다. 우리는 자라면서, 특히
학교에서 불필요한 생각들을 굳이 할 필요가 없다고
배워왔죠. 상상하는 것보다 무언가를 암기하는 걸
더 열심히 가르치니까요. 제대로 상상하는 능력이나
창의성을 기르기 위해서는 우리가 배워온 것들을
몽땅 지우고 새로 시작하거나 배운 것과 반대로
행동해야 할 수 있다고 생각해요.

그는 이러한 자신의 루틴을 단 한 번도 바꾸고 싶어 하지 않았다.

본인의 상상력으로 탄생한 소설은 대개
대중에게는 전에 접하지 못한 새로운 소재나
형식의 작품이었는데요, 새로움의 단점은
낯설다는 것, 그래서 알려지거나 대중의 지지를
받는 데 시간이 걸린다는 점입니다. 새로운
작품을 구상할 때 성공에 대한 확신 혹은
반대로 불안감은 없었나요?

소설을 낼 때마다 확신은 들지 않아요. 그리고 제가
걱정이 많은 성격이라 쉽지는 않지만, 성공이나
실패에 연연하지 않으려고 노력하는 편입니다.

본인의 상상력을 통해 작품 속에 창조한
미래의 기술이나 풍경들이 훗날 실제로 구현될
것이라고 생각하나요? 작품 구상 단계에서
이러한 실현 가능성도 고려하는지 궁금합니다.

매번 그렇지는 않지만, 어떤 측면에서는 항상
가능성이나 현실성을 염두에 두고 글을 쓰죠. 저는
인생의 밝은 면을 보려고 노력하는 사람이기 때문에
결과적으로는 항상 긍정적인 결말을 꿈꾸고 글로
옮깁니다. 과거에 제가 〈카산드라의 거울〉 등 소설에
썼던 폭탄 테러와 같은 일련의 심각한 사건들과
비슷한 일들이 실제로 일어난 경우가 있거든요. 그때
정말 엄청난 충격을 받았죠. 그래서 최악의 결말을
상상할 때도 있고, 제가 쓴 사고나 재해들이 실제로
일어날까 봐 두려워서 아예 글로 옮기지 않은 경우도
굉장히 많아요. 그래서 작품의 결말에 항상 저만의
해결책을 제시하게 되는 것 같아요.

그러한 결말은 독자에게 많은 것을 생각하게
하고, 그들의 삶에 크고 작은 영향을 미치기도
합니다. 작품을 통해 독자나 팬들에게
궁극적으로 어떤 영감을 주고 싶나요?

제 책을 읽고 자유를 느끼거나 행복하면 좋겠습니다.
저는 '결과적으로 미소가 지어지는 희망을 느낄 수
있으면 좋겠다'는 마음으로 책을 쓰거든요.

글로써 자신이 창조하는 세계를 경험하기 때문에
단조로운 생활에서 탈출할 수 있다고 말한다.

소설가라는 직업의 매력은 무엇인가요?
작가가 아니라면 만화가나 과학자가 됐을
수도 있을 것 같은데, 작가가 된 데에서 오는
아쉬움은 없는지 궁금합니다.

글을 쓰는 것 자체가 저 혼자 하는 일이기 때문에,
시작하고 끝내는 과정 전체를 제가 결정할 수
있다는 게 가장 큰 장점인 것 같아요. 그리고 대중이
저에게 더욱더 창의적이길 원하는 것도 저에게는
엄청나게 큰 메리트가 있는 직업이라고 생각합니다.
영화감독이 되고 싶기도 했는데, 그 부분에서는
그다지 좋은 반응을 얻지 못한 것 같아요. 그 대신
소설가는 정말 많은 걸 경험할 수 있는 직업이기
때문에 만족할 수 있죠. 제가 쓰는 소설 속에서 저는
과학자나 예술가도 될 수 있으니까요.

집필을 하면서 느끼는 가장 큰 도전이자
어려움은 무엇인가요?

시간과 장소에 대한 이해가 필요하다는 점입니다.
여기서 시간이란 50년 후에도 제 소설이 계속 읽혀야
한다는 거예요. 장소는 세계 곳곳 어디든, 어떤 언어로
번역되었든 제가 하고자 하는 스토리가 이해되어야
한다는 것이고요. 말로는 상당히 간단하지만, 현실은
그렇게 쉽지 않아요. 어떤 소설은 10년 동안 전혀
반응이 없다가 갑자기 인기를 얻기도 하니까요.
그 시간을 견뎌내는 일도 쉽지 않은 챌린지 중
하나라고 생각해요.

글을 쓸 때 꼭 음악을 듣는 것으로 알고
있어요. 지금도 같은 습관을 유지하고
있는지, 그렇다면 주로 어떤 음악을 듣는지
궁금합니다.

앞에서도 이야기했듯이, 저는 원래 걱정이 많은
성격이라 글을 쓸 때는 클래식이나 마음의 평정을
찾아주는 음악을 들어요. 특히 노랫말이 없는 영화
배경음악이나 바흐를 즐겨 듣죠.

집필과 출판

데뷔작 〈개미〉는 120여 차례 개작했다고
접했는데, 요즘에도 그러한 과정을 거치나요?
개작할 때 본인만의 방식이나 노하우, 철학이
있다면 무엇인가요?

〈개미〉는 30년 전에 출판된 저의 첫 책이에요. 여러
차례 개작할 수밖에 없었죠. 읽을 때마다 더 완벽하게
만들고 싶은 게 당연한 거니까요. 개작하는 횟수가
따로 정해져 있지는 않아요. 최대한 많이 읽는 게
가장 좋은 방법인 것 같아요. 매일 오후 제가 쓴 글을
다시 읽는 시간을 갖는 것도 바로 이런 이유에서죠.
책에 쓰인 모든 문장이 궁극적으로 그 스토리를
만들어내는 데 완벽한 역할을 했으면 하는 마음으로
읽습니다. 그게 바로 제 글쓰기 노하우 중 하나고요.

다른 작가와도 교류를 하나요? 작가 외에
어떤 직종의 사람들과 자주 교류하는지도
궁금합니다.

마술사나 과학자들을 많이 만나는 편이에요. 특히 북
페어에서 마술사를 종종 만나게 되는데, 저에게 항상
큰 영감이 되어줍니다. 마술사가 마법을 구성하는
방식은 소설가가 작품을 집필하는 것과 비슷하다고
생각하거든요.

작가가 집필을 끝마친 후에도 출간되기
때까지 출판사의 편집자·인쇄소·유통 담당자
등 수많은 사람의 노고가 수반되는데요,
이들과의 협업은 주로 어떻게 이루어지나요?

책 전반에 관해 굉장히 구체적으로 대화를 나누고,
제 생각을 전하죠. 아주 세세한 부분도 다 중요한
의미가 있다고 생각하는 편이거든요. 번역은
말할 것도 없고, 커버 이미지와 디자인까지 깊이
개입해서 제 의견을 관철하고 있어요. 특히 한국
출판사나 번역가와는 적극적인 협업이 가능해요.
제 책을 한국어로 옮긴 한 번역가는 이곳 프랑스
파리까지 날아와 며칠 동안 저와 책에 관해 아주
세세한 부분까지 정말 많은 이야기를 나누었죠.

베르나르 베르베르는 소설가의 글쓰기와 독자의 책 읽기에서
'자유'가 중요하다고 생각하는 작가다.

제 소설을 제대로 이해해야만 제대로 된 좋은
번역이 가능하니까요. 단어 하나로 문맥 전체가
달라질 수 있기 때문에 더 까다로운 것 같습니다.
물론 번역가들과 나누는 대화는 굉장히 흥미로워요.
제가 쓴 소설이지만 대화를 나누면서 저 자신도 더
깊이 탐구하게 되거든요.

한국에서는 30년 동안 출판사 '열린책들'을
통해서만 작품을 출간했는데요, 무엇이
이처럼 장기적이고 안정적인 관계를
만들어주었다고 생각하나요?

한국뿐 아니라 프랑스의 출판사도 마찬가지예요.
다른 출판사에서도 제의를 많이 받지만, 저를 처음
발굴하고 믿어준 출판사와 함께하는 게 당연하다고
생각합니다. 제가 가장 필요할 때 옆에 있어주었던
사람들에 대한 고마움을 잊고 싶지 않아요.

정식으로 출간된 새 책을 직접 손에 쥐면 어떤
감정이 드나요?

그 감정은 말로 표현할 수 없을 만큼 강렬해요.
몇 년 동안의 노력과 수많은 시간이 결실을 이루는
순간이니까요. 후련하기도 합니다. 그런데 그 감정이
너무 강렬해서 그 순간이 지나면 거의 우울증과 같은
상태가 찾아오기도 해요.

과거 인터뷰에서 "연줄 혹은 파벌을
따지거나 특정 작가를 후원하는 출판계의
시스템에 편입되고 싶지 않다"라고 한 바
있는데요, 이러한 생각은 지금도 변함없는지
궁금합니다.

물론이죠. 작가는 어디까지나 자유로워야 하고,
이런 책을 출판하고 읽는 사람들 역시 마찬가지라고
생각하거든요. 특정 출판계 중심의 시스템은 이런
우리의 자유를 배제하는 행동이라고 생각합니다.

지금 이 순간에도 자유롭게 집필 활동을 이어가고 있는 그는 자신이
쓰는 소설 속에서라면 원하는 어떤 존재든 될 수 있고,

> 그래서인지 작가님 작품이 "프랑스적이지
> 않다"라는 평을 받기도 하는 것 같습니다.
> 장르에서도 늘 전형적이지 않은 느낌이고요.
> 최근 작품을 기준으로 볼 때, 본인의 작품은
> 어떤 장르라고 할 수 있을까요?

어떤 사람은 제 소설을 SF라고 부르지만, 저는 모든
장르가 합쳐진 소설이라고 말하고 싶어요. 저는 한
장르에 얽매이고 싶지 않거든요. 게다가 제 소설에는
항상 러브 스토리도 가미되어 있으니까요. 팽팽한
긴장감이 느껴지는 서사 속에서도 사랑과 연관된
주인공의 감정선을 느낄 수 있는 로맨스 말이죠.
소설가인 아들에게도 항상 러브 스토리를 가미하라고
충고합니다. 책의 마지막에는 늘 미소 지을 만한
요소나 결과가 있어야 한다고 생각하거든요.

> 장르와 상관없이 전하고자 하는 메시지
> 그 자체를 중요하게 여기는군요.
> 그럼에도 앞으로 새롭게 도전해보고 싶은
> 장르가 있나요?

제가 지금까지 하지 않은 장르라면 아마 '시'일
거예요. 도전해보고 싶긴 하지만 쉽진 않겠죠. 번역을
한다면 더욱 그렇습니다. 하나의 시를 다른 언어로
번역하는 일은 정말 쉽지 않은 과정이에요. 단어가
함축한 의미를 이해해야 하고, 글자 수의 제약도
있으니까요. 그 지점이 저를 유혹하는 한편 망설이게
만들죠. 그렇지만 언젠가는 도전해보고 싶어요.

> 작가로서 궁극적 목표는 무엇인가요?

전 세계를 구하는 것입니다.(웃음) 제가 쓴 모든
문장이 그 소설의 스토리 안에서 의미가 있어야
한다고 생각해요. 그리고 좋은 작가란 '잘 잊히는'
작가라고 생각합니다. 독자가 작품을 읽을 때 작가에
대해서는 잊어야 하고, 단지 소설 속 인물로만
기억해야 한다고 생각해요. 작가로서 투명 인간이
되어야 한다는 말이죠. 예를 들면, 꼭두각시 인형의
연극을 보는 것처럼 말이죠.

이들을 통해 다양한 경험을 할 수 있다고 전한다.

당연하겠지만, 앞으로도 계속 집필 활동을
할 계획인가요? 몇 작품만 더 하겠다는
계획이나 은퇴 시점에 대해 생각해본 적이
있는지 궁금합니다.

과거 기자로 일할 땐 편집장이 제가 계속 글을 써야
하는지 말아야 하는지를 결정했어요. 하지만 지금은
독자들이 제 상사나 마찬가지입니다. 독자들이 제
책을 더 이상 읽지 않는다면, 그때는 집필 활동을
그만해야 할 때라는 걸 말해주는 거죠. 제 책을 읽는
독자가 있는 한 계속해서 글을 쓸 예정이에요.

소설이 아닌 분야에서도 활동해왔습니다.
본인의 작품을 연극으로 공연하기도 했고,
직접 영화를 연출한 적도 있죠. 현재는
관객에게 색다른 경험을 선사하는 공연을
직접 진행하고 있고요.

처음에는 원맨쇼로 시작한 공연이 지금의 〈내면
여행(Voyage intérieur)〉이 되었어요. 관객이 직접
참여해 명상과 초월을 경험하는 이 공연을 하면서
정말 많은 사람과 생각을 소통할 수 있어서 좋습니다.
사실 저는 무대에 서는 것 그리고 사람들 앞에 나서는
것에 대한 불안감을 갖고 있는데, 이렇게 공연을
하는 게 제 자신과의 싸움이자 콤플렉스를 극복하는
일종의 훈련이기도 합니다. 앞으로도 계속 공연을
이어나갈 생각이에요.

과거에 비해 책을 만드는 환경이나 필요한
정보에 대한 접근성이 많이 달라졌습니다.
인터넷은 점점 고도화되고, 챗GPT와 같은
AI도 등장하고 있는데요, 미래의 소설가는
어떤 환경에서 글을 쓰게 될까요?

저는 긍정주의자기 때문에 아마도 글쓰기는 더
쉬워질 거라고 말하고 싶어요. 물론 AI가 해낼
수 있는 부분이 많겠지만, 사람의 감성과 감정을
움직이는 존재는 결국 인간이라고 생각하거든요.
AI 능력의 범위가 넓어질수록 우리가 진정으로

유산과
미래 with 조나탕 베르베르

다가갈 수 있는 것에 대해서는 더 강력하게 공감할 거라고 생각합니다.

> 앞으로도 지구에는 코로나19나 튀르키예 대지진 같은 재앙이 다시 찾아올 수 있을 텐데요, 현재 걱정하고 고민하는 지구의 문제는 무엇인가요? 이런 문제와 관련해 본인과 같은 소설가가 해야 하고, 할 수 있는 일은 무엇이라고 생각하는지 궁금합니다.

글쎄요. 세계가 직면한 정말 많은 문제점이 있죠. 그건 팬데믹일 수도, 전쟁일 수도 있어요. 저는 이런 일련의 불행한 사건을 보면서 새로운 돌파구나 해결책을 찾은 미래를 상상합니다. 그리고 그 상상을 바탕으로 글을 쓰죠. 제가 할 수 있는 일은 책 속에서 긍정적 해결책을 제시하는 겁니다. 그 해결책이 우리에게 실제로 일어나기를 바라면서 말이죠.

> 그럼 인류가 맞이할 미래는 유토피아라고 생각하는 건가요?

저에겐 물론 유토피아죠. 비록 현재의 상황이 디스토피아일지라도, 우리 모두는 어떠한 해결점을 찾을 수 있을 거라 믿고 싶어요.

> 전 세계적으로 본인을 좋아하고, 크고 작은 영향을 받은 창작가가 많습니다. 한국에서는 글쓰기 강연 활동도 한 적이 있고요. 본격적으로 후진 양성에 힘쓸 생각도 있는지 궁금합니다.

음, 지금은 시간이 많지 않지만 언젠가 제 소설을 아무도 읽지 않는다면 가르치는 것에 대해 생각해볼 수 있을 것 같네요.(웃음)

> 아들인 조나탕 베르베르 역시 작가로 데뷔했습니다. 아들이 아닌 후배 작가로서 어떻게 평가하나요?

굉장히 재능 있는 작가예요. 아직 발전해야 할 부분은

베르나르 베르베르는 절실한 마음을 상상하기 어려운, 여전히 향유로운 환상을 제획하고 있는 작가다.

있지만, 그만큼 가능성이 큰 작가라고 생각합니다.
저와 비교했을 때 훨씬 더 재능 있고 빠르게
성장하고 있거든요.

(조나탕 베르베르에게) 소설가가 되는 데
아버지가 어떤 영향을 주었는지 궁금합니다.
본인의 작품 세계에도 아버지가 많은 영향을
주었다고 생각하나요?

제가 다루고자 하는 장르와 아버지가 쓰는 주제는
많이 다릅니다. 작업하는 방식도 마찬가지고요.
하지만 제 첫 소설에는 아버지가 정말 많은 도움을
주었습니다. 첫 소설의 원고를 350장이나 썼는데,
그중 절반을 덜어내라고 충고해주었어요. 로맨스도
꼭 필요하다고 했죠.(웃음) 이런 방식으로 글쓰기에
대한 실질적 조언을 많이 해주는 편입니다.

(조나탕 베르베르에게) 선배 소설가로서
아버지는 어떤 작가인가요?

당연히 대단한 사람이라고 생각합니다. 아버지는
굉장히 철저하고 꾸준하게 자신의 작업을 이어나가는
작가입니다. 저도 글을 쓰기 때문에 그게 얼마나
어려운 일인지 잘 알고 있죠. 30년 동안 끊임없이
작품을 발표한다는 건 정말 굉장한 업적이에요.
그리고 문학계나 트렌드, 마케팅과 관련한 압력에도
영향을 받지 않고, 오직 자신이 나아가고자 하는
방향으로 꿋꿋이 향해 가는 작가라는 점도 정말
존경스럽습니다.

각자 본인의 소설에서 어떤 주제를 다뤄보고
싶나요? 과거 스위스 작가 알랭 드 보통과
한국 작가 정이현이 서로의 글을 보고 의견을
나누며 집필한 공동 기획 소설 〈사랑의
기초〉처럼 두 분이 교감하며 작품을 완성해도
좋겠다는 생각이 드는데요.

(베르나르) 제가 작업하는 방식은 철저하게 규칙적인
데다 끊임없는 수정이 필요하기 때문에, 다른 사람과

유토피아로서의 미래를 꿈꾸는 그는 이를 위해
책 속에서 긍정적 해결책을 제시하는 것이 소설가로서

교감하며 작품을 완성하는 것은 솔직히 불가능한
일이라고 생각합니다.

(조나탕) 저는 요즘 챗GPT와 관련한 스토리를 쓰고
있어요. AI가 우리 삶에 미치는 영향을 제 나름의
관점에서 서술하고 있죠.

> (조나탕 베르베르에게) 앞으로 어떤 작가가
> 되고 싶나요? 아버지의 뒤를 잇는 작가,
> 아니면 아버지와는 전혀 다른 스타일의
> 작가일까요?

개인적으로 저 자신에게 굉장히 엄격한 편입니다.
한 권 한 권 더 나은 책, 더 재미있는 책을 쓰는
작가가 되고 싶어요. 물론 아버지의 영향이 있겠지만,
궁극적으로 저희는 전혀 다른 스타일의 글을 쓰는
작가예요.

> (조나탕 베르베르에게) 작가로서 아버지가
> 문학계에 남긴 유산은 무엇이라고
> 생각하나요?

프랑스 문학계에 '미래를 다루는 새로운 활로'를
개척한 것이 가장 큰 유산이 아닐까 싶습니다.

자신이 할 수 있는 일이라고 설명한다.

Publisher Interview

홍지웅 열린책들 대표

책은 물론 미술·건축 등의 예술을 즐기며, 미적
효용성에 대한 믿음을 갖고 있는 그는 1986년
열린책들을 설립해 운영해오고 있다. 1993년 〈개미〉
출간으로 시작된 베르나르 베르베르와의 관계를 30년
넘게 이어온 그는 열린책들이 시도한 신선한 방식의
마케팅과 홍보가 주효했다며, 상호간 신뢰를 기반으로
한 다양한 활동의 가치와 의미가 크다고 설명한다.

● 베르나르 베르베르의 첫 작품 〈개미〉를 한국에 출간하게 된 스토리가 궁금합니다.

●● 보통 에이전시에서 책들을 여러 출판사에 보내잖아요. 1992년에 신원 에이전시에서 〈개미〉를 받았어요. 처음 책 표지를 봤는데, 구체적으로 뭐라고 설명할 수 없는 느낌 같은 게 있었어요. 누군가는 동물적 감각이라고 표현하기도 하더라고요.(웃음) 하지만 그런 거창한 건 아닌 것 같고, 움베르토 에코 Umberto Eco의 장편소설 〈푸코의 진자(Il pendolo di Foucault)〉를 처음 봤을 때처럼 굉장히 독특하고 재미있겠다는 느낌이 강하게 들었습니다. 당시 열린책들 외에 다른 출판사에서는 관심을 갖지 않은 듯했고요. 제가 출간할 책을 선택하는 기준은 우선 철저하게 꾸며진 '재미있는' 픽션이어야 한다는 점, 두 번째는 지금껏 없던 독창성인데, 〈개미〉는 이에 부합하는 작품이었죠. 그리고 우화처럼 동물에 빗대서 표현하는 것이 아니라, 개미 자체가 실질적으로 주인공인 작품이잖아요. 이러한 포인트도 상당히 신선했습니다.

●● 그렇지 않았습니다. 사실 당시에는 아주 유명한 작가나 노벨 문학상을 받은 작품 정도 외에는 외국 소설 자체가 많이 출간되던 시기가 아니었으니까요. 외국 문학을 전문으로 취급하는 출판사도 많지 않았고요. 게다가 당시 열린책들의 구조 자체가 기획이나 편집팀이

● 당시 대표님의 작품에 대한 느낌과 결정에 동조하는 직원이 많았나요?

따로 존재하지 않고, 제가 기획부터 출간까지 다 진행했어요. 그냥 제 느낌대로, 괜찮겠다 싶은 작품이면 내보기로 한 거죠. '이 책이라면 이 정도는 팔릴 것 같아' 라는 생각도 해본 적이 없습니다. 하지만 이게 도전정신이나 자신감은 아닌 것 같아요. 그냥 출판사라면 꾸준히 책을 내는 것이고, 그중 좋은 책이 있으면 잘 팔릴 것으로 생각한 거죠. 그런데 책이 베스트셀러가 되려면 저자가 아주 유명한 작가거나 언론에서 소개된 작품이어야 해요. 그러니까 출판사는 책이 잘될 거란 확신보다는 그 확신을 실현할 수 있는 구체적 방법을 찾아야 하는 겁니다. 출판사의 숙명인 거죠.

● 말씀대로 〈개미〉 출간 전후로 다양한 방식의 마케팅과 홍보 활동이 공격적으로 이루어졌습니다. 출판계에서는 최초인 타블로이드판 신간 예고지 '북캐스트'와 수열 퀴즈를 활용한 신문 광고 '알쏭알쏭 퀴즈' 등 색다른 시도를 많이 했죠.

●● 기존에 없던 방식으로 홍보를 하면 주목받을 수 있겠다고 생각했습니다. 늘 하던 대로 보도 자료를 보내고 책을 전달하면 관심을 보이는 기자는 많지 않아요. 모든 출판사가 그렇게 하니까요. 언론에서 흥미를 느낄 만할 요소를 자연스럽게 전달하고 기사를 쓰고 싶게 만들어야 했습니다. 북캐스트는 언론사의 호기심을 잘 자극한 것 같아요. 신문 형태의 16페이지 신간 예고지라는 형태 자체도 그렇지만, 수록된 작가 인터뷰나 작품 소개 내용이 '어떤 작가와 작품이기에 이렇게까지 하나?' 하는 궁금증이 생기게 한 거죠. 알쏭알쏭 퀴즈는 〈개미〉가 기본적으로 미스터리 소설인데, 여기에 '지적 요소'와 '상상력'이 가미된 신비감 있는 작품이라는 점을 알리고자 시도한 광고였어요. 덕분에 대중적으로 관심을 크게 받았죠. 당시 광고가 나가고 약 일주일 동안은 문의 전화 때문에 업무를 못 볼 지경이었어요.

●● 솔직히 어려웠을 거라고 봅니다. 홍보나 마케팅이 없었다면 5000부 정도 팔렸을까요? 앞서 언급한 것처럼 유명한 작가나 문학상을 수상한 작품이 아니었으니까요. 〈개미〉라는 작품 자체의 문학성이나 재미는 별개의 문제입니다. '이 많은 정보를 어디서 다 수집했을까' 싶을 정도로 방대하고 흥미로운 데다, 이러한 부분이 잘 드러난 백과사전 내용도 작품 중간중간 들어가 있어요. 솔직히 이 부분만 읽어도 아주 재미있죠. 번역을 마쳤을 때 재미가 없었다면 홍보와 마케팅에 크게 신경 쓰지 않았을지도 모릅니다. 하지만 기본 상품성 자체가 좋으니 더 밀고 나가야겠다고 생각했죠.

● 한국에서의 성공에는 열린책들의 참신한 마케팅 활동이 큰 역할을 했다고 보는데요. 이런 활동이 없었어도 〈개미〉는 성공할 수 있었다고 보나요?

●● 베르베르를 향한 팬덤이 생긴 상황이라 그에 대한 대중적 관심의 니즈를 충족시켜주고 싶었어요. 그래서 작가를 한국으로 초청했죠. 1993년에 〈개미〉를 출간하고, 1년 뒤 차기작 〈타나토노트〉가 나온 후였어요. 당시만 해도 외국 작가가 한국을 방문하는 일이 전무하다시피 했는데, 작은 출판사 하나가 도전해본 거예요. 내한 후 첫 기자회견 때 국내 언론사에서 총 80명이 왔어요. 한 매체에서

● 〈개미〉 이후 한국에서 베르베르는 굳이 적극적인 홍보가 필요 없을 정도로 인기 있는 작가가 되었습니다. 이에 따라 마케팅 방식도 달라졌나요?

2~3명이 왔다고 가정하면 대략 30~40곳에서 온 셈인데, 관심이 굉장히 큰 편이었죠. 교보문고에서 사인회를 진행했을 때는 700~800명이 모였고, 그들이 선 줄만 해도 200m가 넘었을 겁니다. 당시 대체로 50여 명, 아무리 많아도 100명을 넘기기 쉽지 않았을 땐데 말이죠. 교보문고 창사 이래 최대 인원이었어요.

● 베르베르가 이러한 한국에서의 인기에 어떻게 반응했는지 궁금하네요.

●● 신기해하고 아주 좋아합니다. 그래서 한국에 대한 애정도 굉장히 커요. 내한 때 첨성대 같은 한국의 문화·과학 유산을 베르베르에게 보여주기 위해 경주를 방문한 적이 있는데, 많은 사람이 그를 알아보더라고요. 그래서 베르베르는 작품 속에 한국 캐릭터를 등장시킨다든지 하는 방법으로

한국 독자들에게 일종의 팬서비스를 하기도 합니다. 〈개미〉 3부 '개미 혁명'에는 저와 동명인 홍지웅 캐릭터가 등장하죠. 저와 별로 닮지 않은 인물이지만요.(웃음) 그리고 그의 책을 출간하는 프랑스 출판사에서도 이런 부분을 긍정적으로 보는 것 같습니다. 현지에서 〈타나토노트〉가 발간되었을 때, 뒤표지에 한국에서의 인기를 지칭하는 '베르베르 현상'이라는 표현을 쓰기도 했죠.

●● 1994년에 프랑스로 가서 처음 만났습니다. 베르베르의 자택으로 직접

● 베르베르와의 첫 만남은 어땠나요?

방문했는데, 식사로 랍스터를 대접받았어요. 나중에 알고 보니 집에서
랍스터 요리를 해준다는 건 프랑스에서는 극빈 대접이라 하더라고요.
아주 영광이었죠. 첫인상은 사진으로 보는 것과 다르지 않았어요. 굉장히
샤프하고 천재의 이미지를 갖고 있었어요. 그런데 옷차림도 그렇고
대화를 해보니 굉장히 소탈하고 인간적인 사람이라고 느껴졌습니다.
자연스럽고 순박한 사람이랄까요. 물론 대화 중간중간 상당히 똑똑한
사람이구나, 남다른 면모가 있구나 하는 느낌도 자주 받았고요.

● 작품을 정식으로
출간하기까지
베르베르와 많은
소통이 이루어질 것
같은데요.

●● 업무 때문에 소통하긴 하지만, 그렇게
자주 하지는 않습니다. 오히려 역자가 작가와
아주 긴밀하게 소통하죠. 역자는 단순한
번역가가 아니에요. 작가가 작성한 초고를
보면서 실수나 오류를 잡아내는 역할도 하지요.
특히 우리나라 역자들은 베르베르와 오랫동안
작업해왔기 때문에 친분도 있고, 편한 만큼

뭐든지 허심탄회하게 물어보기도 합니다. 그러면서 더 좋은 한국어판이
완성되는 것이고요. 작가가 내한했을 때 역자가 만찬이나 기자회견에
함께 참석하는 일도 많죠. 또 저희는 외부의 요청을 전달하기도
하는데요. 베르베르의 작품을 연극 무대로 올리고 싶다거나 작가
인터뷰를 희망한다거나 하는 요청을 중간에서 조율하는 역할을 하는
경우도 적지 않습니다.

●● 〈나무〉는 프랑스판 제목이 〈가능성의
나무(L'Arbre des possibles)〉였어요. 그런데
굳이 '가능성'으로 한정 지을 필요가 있을까
하는 생각이 들더라고요. '지식의' 나무일 수도
있고, '상상력의' 나무일 수도 있는데 말이죠.
그래서 읽는 이에 따라 무한히 확장될 수 있는
나무의 의미를 규정짓지 않고, 그냥 '나무'라는
한 단어로 제목을 바꿨습니다. 〈뇌〉의 경우도
원제는 〈최후의 비밀(L'Ultime secret)〉입니다.

● 한국어판에서
제목을 바꾼 작품이
여럿 있습니다.
어떤 의도로 제목을
바꾸었는지, 그리고
이러한 열린책들의
의견에 대한
베르베르의 반응은
어땠는지 궁금합니다.

굉장히 미스터리한 느낌을 풍기죠. 그런데 제목만 보면 무엇에 대해 이야기하는지 알 수가 없습니다. 뇌가 가진, 아직 풀리지 않은 비밀에 대한 이야기인데 말이죠. 그래서 아주 직접적이고 명료하게 〈뇌〉로 바꾼 겁니다. 이런 제목 변경에 대해 베르베르는 다 마음에 들어 하고 동의했어요. 열린책들을 믿은 거죠. 그가 기본적으로 유연하고 겸손한 사람이기 때문이기도 하고요. 어쩌면 '한국어 제목이 훨씬 나은데'라고 생각할지도 모릅니다.(웃음)

●● 사실 저는 베르베르의 작품을 과학소설로 보는 것부터 무리가 있다고 봅니다. 기술적 정교함과 실현 가능성 등이 중요한 과학소설의 범주에 들어갈 수는 없어요. 그런데 조금 폭넓게 보면 SF 장르에는 포함되긴 한단 말이죠. 상상력에 기반한 공상과학으로 SF를 본다면 베르베르의 작품도 당연히 SF물인 겁니다. 그런데 베르베르는 본인이 하고 싶은 이야기를 전달하기 위해 과학적 소재를 가져오는 작가예요. 그래서 애초에 과학적 엄밀성을 근거로 그의 작품을 평가하는 건 성립할 수 없다고도 볼 수 있죠. 〈파피용〉을 예로 든다면, 14만 명이 넘게 탈 수 있는 거대한 우주선의 실현 가능성보다는 인류가 왜 이런 우주선을 타고 우주로 가야 하는지, 그 과정과 의미가 중요한 것입니다. 종종 과학적인 부분에 오류가 있는 경우도 있지만, 이를 그저 오류라고 할 수는 없다고 봅니다. 그의 작품에서는 스토리텔링 자체가 가장 중요하니까요.

● 일부 독자에게 베르베르의 작품은 과학적 근거가 부족하다는 평가를 받기도 합니다. 이런 비판에 대해서는 어떻게 생각하나요?

●● 네. 그런데 별로 중요하게 생각하지는 않습니다. 크게 개의치 않아 하는 것 같아요.

● 이러한 비판을 베르베르 본인도 인지하고 있나요?

● 독자 입장에서 가장 좋아하는 베르베르의 작품은 무엇인지 궁금합니다.

●● 단연코 〈개미〉입니다. 판매 부수와는 별개로 〈나무〉와 〈상대적이며 절대적인 지식의 백과사전〉도

좋아합니다. 〈나무〉는 단편 모음집이고, 〈상대적이며 절대적인 지식의
백과사전〉은 작품 중간중간 들어가 있는 백과사전 페이지들을
묶은 책인데 내용도 흥미롭고, 무엇보다 쉽게 읽을 수 있어요. 아무
페이지나 펼쳐도 다 재미 있고 독특하니까요. 접근성이 아주 좋은 거죠.
대화하면서 아는 척할 때도 아주 유용합니다.(웃음) 그래서 독자들도
〈상대적이며 절대적인 지식의 백과사전〉은 화장실에, 〈나무〉는 침대
옆에 두고 읽으며 베르베르에게 익숙해진 다음 〈개미〉를 읽으면 더 깊이
빠져들지 않을까 생각해요.

●● 식상하겠지만 저는 베르베르를
'상상력이 풍부한 작가'로 수식하고 싶어요.
특히 인간과 인간들의 사회를 바로 옆에서
보고, 높은 곳에서 조망하는가 하면 죽음 후에도 살펴보는데, 이러한
상상력이 좋습니다. 그게 개미나 고양이 같은 비인간 존재기도 하고,
신이기도 해서 더욱 그렇죠. 이러한 상상력은 그의 작품에 소설적 재미를
부여합니다. 그리고 베르베르 작품의 또 한 가지 특별한 점은 여기에
과학적 지식이 더해진다는 거예요. 그런데 이러한 특징이 〈개미〉나
〈타나토노트〉 같은 초기 작품에 비해 요즘엔 상대적으로 약해진 것
같아요. 예를 들어 〈아버지들의 아버지〉를 보더라도 중요한 소재인
'미싱 링크'를 좀 더 풍성하게 다뤄줬으면 하는
생각이 들기도 했죠. '너무 많은 것을 담으면
산만해지려나' 싶다가도, 〈개미〉는 그렇지
않았기 때문에 상대적 아쉬움이 있습니다.

● 반대로 아쉬움이
남는 작품은 없나요?

● 베르베르는
한국에서 열린책들과
독점으로 30년간
파트너십을
이어오고 있습니다.
국내는 물론 전
세계적으로도 상당히
드문 사례인 것으로
알고 있는데요,
서로의 의견을
존중하고 신뢰하는
이러한 관계가
어떻게 만들어졌다고
보나요?

●● 한국에서 열린책들을 통해 출간하는
책이 대부분 많이 팔렸고, 이를 위해
열린책들이 많은 노력을 기울인다는 것을 잘
알기 때문이라고 생각합니다. 앞서 언급했듯,
그 어떤 국가의 번역가보다 긴밀하게 연락하며
원문 이상으로 좋은 내용을 완성해주는 한국의
역자들 덕분이기도 하고요. 역자들에 대한

믿음이 생긴 거죠. 과거에 한국의 다른 출판사에서 베르베르에게 직접 연락해 본인들에게 저작권을 줄 수 없는지 물어본 적이 있어요. 이미 신뢰가 쌓인 열린책들과의 관계가 있는 데다, 열린책들에서 발간한 것 이상으로 잘 팔릴 수 있을까 하는 의구심 때문에 거절한 것으로 알고 있습니다. 이제는 일종의 의리기도 한 것 같아요.

●● 이 질문에 대한 답은 저도 궁금합니다.(웃음) 그의 작품을 읽은 많은 작가가 크고 작은 영향을 받았겠지만, 사실 어떤 소설이 특정 작가나 작품만의 영향을 받았다고 하긴 어려운 게 사실이죠. 다만, 〈개미〉 이후 발간되었던 최재천 교수님의

● 작가로서 베르베르가 한국 문학계에 끼친 영향이 있다면 무엇일까요?

〈개미제국의 발견〉 같은 책에는 직간접적으로 영향을 주지 않았을까 생각해요. 그리고 업계와 독자들에게 과학적 소재에 관심을 갖게 하지 않았을까 하는 생각도 듭니다. 〈뇌〉 이후 뇌를 다룬 책이 꽤 나왔거든요. 아, 그리고 〈개미〉 성공 직후 한국의 출판사들이 '이제 한국에서도 프랑스 문학이 꽤 팔리는구나'라는 판단을 했고, 한 해 동안 300종 정도 되는 프랑스 타이틀이 계약되기도 했어요. 그런데 실제로 발간된 책은 10%도 안 됐을 겁니다. 잘 팔리고 읽힐 거라고 생각했는데, 그게 아니었거든요. 베르베르의 작품은 사변적 특징을 지닌 대부분의 프랑스 문학과는 거리가 있습니다. "프랑스적이지 않다"라고 표현하는 게 맞을 것 같네요.

● 지나온 30여 넌만큼일지는 모르겠지만, 앞으로도 오랜 시간 베르베르와 열린책들의 동행은 계속될 듯합니다. 지금까지 시도하지 않은 새로운 도전을 꿈꾸고 있는지 궁금해요.

●● 사실 여러 사정으로 중단된 협업 프로젝트가 있습니다. 소설 〈파피용〉 속 과학 이야기를 좀 더 쉽게 읽으며 상상력을 키울 수 있는 만화로 제작하는 건이었는데, 지금도 많이 아쉬워요. 초창기부터 베르베르의 책을 읽고 좋아하던 10~20대 한국 독자들이 이제 40~50대가 되었을 텐데, 그들에게 자녀가 있다면 베르베르의 작품 속 과학이나 상상력을 접하게 해주고 싶어 할 것 같거든요.

여러모로 재개되기를 바라는 프로젝트입니다. 그리고 개인적으로 베르베르에게 한국에 몇 달 머물면서 소설 한 편 쓰라고 권하는데, 그렇게 안 받아주네요.(웃음) 언젠가는 한국의 과학적 유산을 잘 반영해 한 권 써주면 좋겠습니다. 워낙 보편적으로 읽을 수 있는 스토리를 창작하는 작가인 만큼 배경과 주인공을 한국으로 설정해도 괜찮을 것 같은데 말이죠.

●● 음, 아니요. 저희는 취향이 많이 다릅니다.(웃음) 제가 보기에 그는 매우 정적인 것 같고, 저는 정적이면서도 동적인 사람이에요. 베르베르가 기타를 친다고 하고, 제가 드럼을 치니까 함께 록밴드를 해볼 수 있을까요? 어쨌든 취향이 정말 다르긴 합니다.

● 베르베르는 한국과 고양이·명상·체스 등을 좋아하는 것으로 알고 있는데요, 업무가 아니라 사적으로 베르베르와 함께 해보고 싶은 활동이나 취미가 있을까요?

Translator Interview

전미연 번역가

베르나르 베르베르는 자신의 작품을 번역한 여러
외국어판 중에서 한국의 번역이 가장 마음에 든다고
꼭 집어 말한 바 있다. 작업을 하던 번역가가 세밀한
부분을 묻기 위해 연락해오는 건 한국뿐이라고.
번역가 전미연은 〈파피용〉을 시작으로 가장 최근의
작품까지 도맡아 작업하고 있다. 베르베르는 복잡한
과학적 원리에 기반해 쉽고 간단한 문장으로 이야기를
풀어내는 작가다. 그의 이야기를 한국의 독자에게
전하려면 번역가는 부지런히 빈틈을 메워야 한다.
작업실에 앉아 베르베르의 이야기를 따라 연구와
상상을 번갈아 하며 골몰하고 있는 전미연과 작가
베르베르에 대해 대화를 나눴다. 올가을 출간을
앞두고 있기에 완성도를 높이기 위한 번역가로서의
고민과 열정이 수화기 너머로 고스란히 전해졌다.

▲ 이렇게 얘기 나누게 되어 기뻐요. 선생님께서는 번역 일을 한 지 꽤 오래된 걸로 알고 있어요.

▲▲ 인터뷰 요청을 받고서야 헤아려봤어요. 처음 문학작품을 번역한 건 1999년, 에마뉘엘 카레르의 〈겨울 아이〉라는 프랑스 소설이었어요. 어느새 25년 차 문학 출판 번역가가 되었네요.

▲▲ 당연히요. 문학작품 번역은 전체가 하나의 흐름을 지니고 있기 때문에 전체적으로 어떤 메시지를 전달하는지 이해하는 게 우선이에요. 작가의 작품 속에서 한 문장을 파악하려고 전체를 적어도 한 번, 많게는 세 번씩 읽기도 해요. 그런 다음 맨 앞으로 돌아가 번역 작업을 시작하죠. 앞부분은 작업 속도가 더뎌요. 작품에 등장하는 전문용어도 알아야 하고, 문체도 통일해야 하니까요. 그러다가 3분의 1 지점부터 속도가 붙죠. 번역 작업은 선택의 연속이에요. 글 쓰는 일이 기본적으로 그렇듯, 번역가도 예상 독자를 정하고 그에 맞는 단어와 구조를 선택해요.

▲ 번역 작업 과정이 궁금해요. 먼저 전체를 읽은 후 앞으로 돌아오는 건가요?

▲▲ 그럼요. 2007년 열린책들에서 〈파피용〉 번역을 제안해온 것이 처음이었어요. 2000년대 초반은 해외 문학을 비롯해 책이 정말 많이 팔리던 때였어요. 지금은 위축돼 있지만, 그때만 해도 100만 부 판매 소식이 종종 들려왔죠.

▲ 처음 베르나르 베르베르 번역을 의뢰받던 때가 기억 나나요?

▲ 베르베르 작가를 이전에도 알고 있었나요?

▲▲ 모를 수 없죠. 제가 업계 사람이 아니더라도 마찬가지였을 거예요. 베르베르의 책은 〈개미〉와 〈타나토노트〉로 이미 접한 상태였어요. 이세욱이라는 걸출한 번역가의 작업을 거쳐 큰 히트를 친 작품이죠. 〈타나토노트〉에서 작가는 죽음이란 소재를

선택했어요. 당시엔 아무도 선택하지 않던 주제를 용기 있게 골라
빛나는 상상력을 보여줬죠. 신화와 전설 그리고 과학적 죽음을 연계한
그 작품을 저는 굉장히 재미있게 보았어요.

▲ 한편으로는   ▲▲ 네. 번역가가 바뀐 걸 독자가 어떻게
부담도 되었겠어요.   받아들일까 걱정도 되고, 일정도 빠듯했거든요.
                주어진 시간이 한 달 반 남짓이었어요.
                실제로 번역한 시간은 한 달 정도였으니
굉장히 급박했죠. 책이 팔리는 데는 여러 요소가 있겠지만, 번역도
그중 하나라고 생각해요. 특히 이름 있는 작가의 경우 출판사 매출과
직결되는 일이라 분명 부담이 있었죠. 그런 부담은 늘 함께해요. 번역 후
책이 인쇄되고 예약 판매가 시작되면 긴장이 됩니다.

▲▲ 베르베르처럼 베스트셀러 작가의   ▲ 작업은 혼자
일을 하니까 더러 어시스턴트가 있느냐고   하나요?
물어오더라고요. 100% 혼자서 합니다. 정보를
찾고, 백과사전에서 자료를 모으고, 윤문과
번역체를 교정하는 모든 작업을 처음부터 마무리까지 제가 해요.

▲ 베르베르를   ▲▲ 네. 아주 소탈한 사람이에요. 그를
실제로 만나본 적도   한마디로 묘사하면 일 중독자, 워커홀릭이고요.
있나요?   소설 작업의 양만 봐도 알 수 있어요. 대형
              작가가 1년에 한 권씩 30년 넘게 책을 냈다는
              게 그 증거죠. 자료 조사와 집필에 걸리는
              시간이 어마어마한데, 이걸 지속하고 있잖아요.
              책뿐 아니라 매체의 확대를 다방면으로
              고민하고 있어요.

▲ 책 말고도요?   ▲▲ 네. 베르베르 작가는 자신의 작품을
              드라마나 영화로 만들려는 노력을 해왔어요.
              최근에는 명상·초월을 경험할 수 있는 〈내면

여행〉이라는 공연을 해요. 갈수록 규모가 커지고 횟수도 많아지고 있어요. 요즘은 격주로 한 번씩 진행하고 있는데, 최근 공연장에는 850명이 모였더라고요. 새로운 일을 계속 하면서 책도 쓰고, 독자 사인회도 하는 등 엄청나게 많은 활동량을 소화해내고 있죠.

▲ 그럼에도 대화를 해보니 소탈한 사람이란 이미지가 있었나 봐요.

▲▲ 다른 문화에 관심이 엄청 많아요. 그의 자전적 에세이인 〈베르베르 씨, 오늘은 뭘 쓰세요?〉를 보면 인도 여행 얘기가 나오는데요. 여행지를 서술한 내용을 읽다 보면 그가 낯선 환경에 얼마나 열려 있고 관찰을 통해 깊이 이해하고 있는지 느낄 수 있어요. 그런 부분이 소설가의 상상력을 만들어주는 거겠죠. 지난 1월에는 그의 블로그에서 이집트 피라미드에서 패러글라이딩을 하고 있는 작가를 봤어요. '예순 살도 넘은 작가가 피라미드에서 뛰어내리다니. 정말 그다운 일이다' 생각했죠. 베르베르 작가가 한국 칭찬을 많이 하잖아요. 한국인들이 똑똑하다고. 그건 책을 더 팔려는 립 서비스가 아니에요. 한국이 지닌 잠재력과 가능성 그리고 젊은 에너지를 굉장히 유심히 보고 있고, 또 좋아해요.

▲▲ 대형 작가의 작업을 하는 번역가는 마케팅 팀의 일원이기도 해요. 번역 작업을 할 땐 먼저 독자를 상정해요. 연령대, 성별, 직업군 같은 걸 생각하죠. 20대 독자가 주로 읽을 건데 50, 60대 문체로 쓰면 읽히지 않을 테니까요. 베르베르의 책은 폭넓은 대중이 읽는 책이기 때문에 타깃 선정이 복잡하고 어렵죠.

▲ 그렇군요. 베르베르 작가의 책 작업에 특별히 신경 쓰는 부분이 있나요?

▲ 선생님은 기욤 뮈소 Guillaume Musso 같은 다른 유명 프랑스 작가의 작품도 번역하고 있잖아요. 같은 대형 작가 중에서도 베르베르가 지닌 특이점이 있을까요?

▲▲ 과학적 사실과 최근 기술 같은 어마어마한 주제를 네댓 줄로 써버린다는 점이죠. 예를 들면 이런 거예요. 장바티스트

·드 라마르크의 생물 변이설도 쉽게 몇 마디로 설명해 버리죠. 후생
유전학이라는 최신 기술도 마찬가지예요. 이는 주제를 완전히
장악해버린 사람만 할 수 있는 일이에요. 번역을 하려면 그에 맞춰
내용을 완전히 소화하고 대중 눈높이에 맞춰 풀어 써야 해요.
베르베르는 한 작품에서도 수백 가지의 이론을 아무렇지도 않게
다뤄요. 공부할 게 많은 작업이죠. 그가 틈새로 남겨둔 공간을 번역가는
채워야 해요.

▲ 하다 보면 조금씩
수월해지기도
하나요?

▲▲ 10권이 넘는 번역을 하다 보니 작가가
'이거?' 하면 '이거!' 할 때가 있어요. 행간 속
숨은 뜻, 쉼표 사이에 담긴 의미가 번역가에게
보이기 시작하는 거죠. 농담 삼아 이젠
번역가가 아니라 한국어 전문 비서라고
말하기도 해요.(웃음)

▲▲ 틈새를 메우는 힘이죠. 번역은
프랑스어와 한국어의 일대일 대응이 아니에요.
언어와 문화적 차이도 반영돼야 하죠. 이때
적절한 어휘를 골라내는 능력과 전체 테마를
장악하는 자신감이 필요해요. 베르베르의

▲ 작업 과정 중 꼭
필요한 능력이 있다면
어떤 것일까요?

작품에는 이에 더해 '베르베르 월드'라고 부르는 세계관에 대한 이해가
요구됩니다. 베르베르의 표현이 단어의 사전적 의미가 아닐 때도
있거든요. 실제로 베르베르 작가는 어휘 측면에서만 본다면 정교한
개념을 지니고 있으면서도 쉬운 말로 글을 쓰는 작가에요.

▲ 번역하면서
가장 즐거웠던 책이
무엇인지 궁금해요.

▲▲ '고양이 3부작'이라 부르는 〈고양이〉,
〈문명〉, 〈행성〉요. 고양이 얘기를 원없이
다뤄볼 수 있어 좋았어요. 최근에 나온
〈상대적이며 절대적인 고양이 백과사전〉까지
고양이 시점이 되어 푹 빠져서 재밌게 읽고

작업했어요. 집에서 고양이를 여러 마리 키우고 길고양이를 돌보기도

하는 사람으로서, 고양이란 동물이 굉장히 매력적이라고 생각하거든요. 주인공인 암고양이 바스테트의 캐릭터도 마음에 들었고요. 인간 문명을 계승해 고양이 문명을 만들려고 하는 고양이의 시선으로 세상을 바라보며 작업 과정에서 신조어도 만들어졌죠. 예를 들면 '인류' 대신 쓴 '묘류(猫類)'란 표현 같은 거요. 묘류라는 말은 정말 귀엽지 않나요? 번역가로서 뿌듯했어요.

▲ 작가도 선생님 번역을 봤다면 뿌듯해했겠어요.

▲▲ 그랬으면 좋겠네요. '고양이' 3부작은 작가도 좋아하며 즐겁게 쓴 게 느껴졌어요. 〈개미〉 시리즈가 전직 과학 전문 기자 출신인 작가의 엄밀한 관찰자적 시선을 담아냈다면 이 시리즈는 고양이에게 바치는 헌사에 가까워요. 작품들을 통틀어 가장 힘을 빼고 쓴 책이 아닐까 생각해요.

▲ 반면 가장 어려웠던 작업은요?

▲▲ 희곡 작품인 〈심판〉요. 출판사에선 처음부터 걱정이 많았어요. 교과서 이후 희곡은 처음 읽는다는 사람이 있을 만큼 우리나라에서 워낙 낯선 형식이니까요. 내용 역시 번역가에겐 까다로웠어요. 전체가 긴 농담 같은 책이거든요. 유머는 워낙 옮기기가 어려워요.. 지극히 프랑스적 유머를 한국어로 번역하고 문화적 색체를 살리는 동시에 읽기 불편하지 않도록 각주는 줄여야 하는 고난도 과제였죠. 다행히 반응은 좋았어요. 기대 이상이었죠. 〈심판〉은 몇 년 전에 나온 책인데도 여전히 프랑스 소설 중 10위 권 안에 있어요..

▲ 작업을 하다 보면 이 책은 반응이 좋겠다고 느껴지는 때가 있나요?

▲▲ 가령 〈타나토노트〉는 프랑스에서 반응이 너무 없어서 작가가 책 쓰는 일을 그만둬야 하나 고민했다고 해요. 한국에선 예상치 못하게 엄청난 사랑을 받았죠. 〈나무〉는 한국에서 100만 부 이상 팔린 베스트셀러였어요. 그런데 프랑스에서는 반응이 거의 없었죠. 반면 '고양이' 3부작은 프랑스에서 반응이 아주 좋았어요. 한국에선 비교적

그렇지 못했고요. 어렴풋이 한국인이 좋아하는 소재가 있다는 걸 느끼고 있어요. 과학기술의 다이제스트 같은 걸 굉장히 좋아해요. 최근에 나온 책 중에는 〈잠〉이 그래요. 한국인의 흥미를 끌기에 적절한 소재지요.

▲ 해외와 한국의 반응이 워낙 다른 경우가 많다 보니 번역자의 공이 아닌가 하는 반응도 많았어요.

▲▲ 베르베르 작품은 한국과 러시아에서 특히 인기가 많아요. 옆나라 일본은 한국과 문화 등이 비슷한데도 〈개미〉의 실패 이후 저작권 계약을 안 하고 있어요. 우스갯소리로 베르베르는 "프랑스가 낳고 한국이 키운 작가"라고도 하잖아요. 저는 이렇게 좋은 반응에 번역의 영향도 있지 않나 싶어요. 초기 이세욱 선생님의 공이 가장 크죠. 그리고 지금까지 독자들이 베르베르를 좋아해주는 데는 저도 조금이나마 기여했다고 생각합니다. 우리나라는 뛰어난 번역가를 많이 보유하고 있어요. 개개인의 역량이 뛰어나고 잘된 번역을 위해 노력하죠.

▲▲ 자주 그렇죠. 일하는 내내 빠져들어요. 요즘은 아침 10시 정도에 작업실에 와서 오후 6시까지 있는데, 그 시간 내내 머릿속에서 온갖 장면이 펼쳐져요. 지금은 12세기 예루살렘의 통곡의 벽, 구시가지, 성 같은 생각을 자주 해요. 구글과 유튜브를 통해 현지 모습을 찾아보며 상상에 잠기기도 하죠. 베르베르의 책을 번역하기 전에 저는 SF를 많이 읽는 사람이 아니었어요. 한국에서 대중적 장르가 아니기도 했고요. 베르베르를 두고 SF 작가가 맞다 아니다 논쟁이 일기도 한다는데, 어쨌든 우리나라에서 SF 장르를 대중화하는 데 기여한 인물은 맞다고 생각해요.

▲ 속시원한 답변이네요. 상상력이 풍부한 베르베르의 글을 읽다 보면 특이한 생각을 하거나 여행을 떠나고 싶어질 것 같은데요, 그의 글에서 영감을 받기도 하나요?

▲▲ 네. 12세기 십자군전쟁에서 시작해 한국 독자가 좋아할 만한 역사적 포인트가 많은 작품이에요. 나이가 들면서 더욱 깊고 매서운 눈으로 세상을 볼 수 있게 된 작가가 세계에

▲ 오, 다음 책의 배경이 예루살렘인가 봐요.

대한 큰 그림을 그려보겠다는 욕심이 느껴져요. 60대 중반이 된 베르베르는 여전히 매년 책을 내면서 피라미드에서 패러글라이딩을 하고 최면을 주제로 대중 앞에서 퍼포먼스를 해요. 새로운 시도를 계속하고 있죠. 이번에 〈베르베르 씨, 오늘은 뭘 쓰세요?〉 번역을 마치면서는 베르베르가 다시 신발 끈을 매고 있다는 걸 알았어요.

▲ 어떤 부분에서 그런 걸 느꼈나요?

▲▲ 느꼈다기보다 작가가 마지막 부분에 그렇게 썼어요.(웃음) 많이 이뤘다고 할 수 있는 삶인데, 그 모든 걸 뒤로하고 다시 신발 끈을 질끈 묶고 봇짐 하나 어깨에 둘러매고

고양이 한 마리와 다시 길을 떠나는 거죠. 번역을 하면서도 그 에너지가 느껴져서 감동을 받았어요. 새로운 걸 계속 기대해도 되겠구나, 그는 계속 변하고 있구나 싶었죠. 다음 작품은 어김없이 9월 말이나 10월 초에 나올 거예요. 30년 가까이 매년 그래온 것처럼요. 이런 작가는 국내에도 해외에도 없을 거예요. 정말 존경스러워요.

▲ 멈추지 않고 도전하는 작가의 책을 번역하다 보면 덩달아 목표가 계속 새로 생길 것 같아요.

▲▲ 작가가 이렇게 열심히 하니까 나도 이 작가를 한국 독자에게 열심히 전해야겠다는 생각이 들죠. 작가의 변화를 빠르게 포착해나가면서 좋은 번역을 하고 싶어요.

▲▲ 쉽게 읽히는 글을 만드는 거요. 쉬운 단어와 단순한

▲ 좋은 번역이란 어떤 걸까요?

문장 구조는 가독성과 별개예요. 좋은 번역은 낯선 개념을 독자가 편안하게 인식할 수 있도록 해주는 거예요.

▲ 우리는 왜 계속 낯선 세계를 궁금해하고 받아들여야 하는 걸까요?

▲▲ 동질한 것으로 구성된 사회는 건강하지 않거든요. 우리 것만 밀고 나가느라 낯섦을 인식할 여유가 없다면 그 문화는 제대로 굴러갈 수 없어요. 다수가 있으면 소수가 있어야 하고 그들이 서로 섞여야 해요. 문학은 독서라는 간접경험을 통해 세계를 바라보는 눈을 넓혀주는 일을 해요. 끊임없이 익숙하지 않은 문화를 느끼고 경험하고 다양해질 수 있도록 돕는 거죠. 이게 제가 번역을 통해 느끼는 보람이기도 하고요. 베르베르라는 작가를 통해 한국 독자에게 프랑스 문학을 알릴 수 있어 번역가로서 행복합니다. 앞으로도 좋은 번역을 위한 여러 가지 방법을 계속 연구할 거예요.

Critic

베르베르의 독자라면 '1+1=3'을 알 것이다.
〈개미〉에서 인상적으로 반복되는 3의 공식은 그의
세계를 관통한다. '철학소설'이라 불리는 그의
작품에는 '스스로 생각하라', '다르게 생각하라' 그리고
'상상하라'는 메시지가 편재해 있다. 소설은 비인간의
시선과 비현실의 세계를 아우르며 미래로 나아간다.
이는 인간에 대한 희망과 믿음을 내포한다는
점에서 매력적이다. 생명과 지식이 더해지면 미래가
태어난다는 것, 그가 말하는 3의 신비다.

생명+지식=미래

심완선

SF 애독자이자 평론가. 칼럼, 리뷰, 비평, 해설,
에세이 등 다양한 글을 쓰며, 〈SF와 함께라면
어디든: 키워드로 여행하는 SF 세계〉, 〈우리는 SF를
좋아해: 오늘을 쓰는 한국의 SF 작가 인터뷰집〉,
〈SF는 정말 끝내주는데〉 등의 단행본을 쓰고 〈SF
거장과 걸작의 연대기〉를 함께 썼다. 〈한국일보〉,
〈아르떼〉, 〈어션 테일즈〉, 〈오마이뉴스〉 등에
글을 연재했다. 대담, 인터뷰, 강의 등도 활발히
진행하는 그녀는 "SF 독자는 기대하지 않은
결말을 기다린다"는 말을 제일 좋아한다.

1. SF에서 시작하는 철학소설

어떤 문제에 독자적 경지나 체계를 이룬 견해를
일가견이라고 정의한다. 1993년 〈개미〉를 처음 읽을 때만
해도 베르나르 베르베르가 30년 동안 30종이 넘는 책을
낼 줄은 몰랐다. 그의 첫 책 〈개미〉는 30개 이상의 언어로
번역되었다. 작가로서 그는 3000만 부 이상의 판매고를
올리고 한국에서만도 3000쇄를 찍으며 인상적인 기록을
세웠다. 그리고 아주 오랫동안 한국 인터넷 서점의 SF
소설 부문 1위를 지키고 있었다. SF 소설을 좋아한다고
하면 절반의 확률로 '베르나르 베르베르'라는 이름이
나오던 시절이었다.

여러 인터뷰에서 그는 자신이 SF라기보다 철학소설을
쓴다고 답했다. 하지만 SF에서 주된 영향을 받았다는
사실도 밝혔다. '공상과학소설'이나 'SF'는 작품 속에서
심심찮게 언급되는 단어다. 베르베르는 SF물 독자라면
친숙할 명칭이나 개념을 즐겨 사용한다. 전작을 통틀어
출석률 1위를 자랑하는 '에드몽 웰스Edmond Wells'의
이름은 〈타임머신The Time Machine〉의 작가 허버트 조지
웰스에게서 딴 것이다. 웰스와 함께 '과학소설의 원류'로
꼽히는 작가 쥘 베른은 아예 등장인물이 되었다. 아이작
아시모프의 〈파운데이션〉이나 프랭크 허버트의 〈듄〉
같은 장대한 연대기는 베르베르의 작품 중 다양한
인물들이 얽혀 거대한 세계관을 그리는 소설에 영향을
끼쳤다. 게다가 〈파운데이션〉에 나오는 "역사는
반복되므로 자료가 충분하면 미래를 예측할 수 있다"와
같은 아이디어는 베르베르의 초기 단편 〈나무 L'Arbre
des possibles〉(원제 〈가능성의 나무〉)에 유사한 형태로
등장한다. 이후 베르베르는 문명이 반복된다는 설정을
자신의 주요 테마로 삼았다. 의식적 차용은 아니더라도
그의 나무가 SF에서 양분을 얻었다는 것은 분명하다.
가장 중요한 작가는 필립 K. 딕이다. 베르베르는 〈여행의
책〉을 단 하루 만에 완성했는데, 딕이 4일 만에 소설을
완성했다는 말에서 영향을 받았다고 한다[1]. 생각나는

❶ 다니엘 이치비아 지음, 이주영 옮김, 〈베르나르 베르베르 인생소설: 나는 왜 작가가 되었나〉(2019, 예미), 224쪽.

대로 단편을 쓴 다음 이를 장편으로 발전시키는 방식도

그를 닮았다. 특히 베르베르의 소설에 자주 등장하는
영지주의적 세계관은 딕의 독자에게 이미 친숙한
부분이다. 신을 향한 집착, 육체를 초월한 영적 경험,
이와 관련한 신비적 혼란 등은 둘에게 공통된 주제다.
베르베르는 딕의 〈유빅〉을 읽고 "정신세계 안에서 창문
하나가 열린 기분"❷을 느꼈다고 고백했다.

이처럼 베르베르는 SF가 무엇인지 알고 있기에 오히려
자신의 글을 철학소설로 칭하였으리라 짐작된다.
베르베르의 작품은 후기작일수록 과학보다 영성, 신비,
수비학의 비중이 높다. 그는 '지금-여기'가 아닌 다른
세계를 상상하면서도 이로써 자신의 통찰을 독자에게
되새기고자 한다. 애독자라면 그의 소설에서 핵심
아이디어가 반복된다는 사실을 알 것이다. 조화와 균형,
세계와의 합일, 진화를 향한 믿음 등은 매번 강조되는
요소다. 특히 '스스로 생각하라'는 가장 강력한 메시지다.
그것만이 우리가 현재보다 나아지는 길이기 때문이다.

2. 개미와 고양이의 인간 관찰

베르베르는 네 살 때 체스를 시작하고, 여섯 살에
개미를 관찰하고, 일곱 살에 첫 소설을 썼다. 그리고
열세 살에 요가를 배우고, 열네 살 때부터는 백과사전을
만들듯 메모를 모았다. 이는 그의 작품에 굳건히 자리
잡은 요소들이다. 체스에서 양쪽이 번갈아 수를 두듯,
그는 대체로 여러 서사가 차례로 진행되도록 소설을
썼다. 〈개미〉에서는 개미 제국의 발전과 인간 사회의
변화가 맞물린다.

베르베르에 따르면 전쟁은 문명이 충돌할 때 일어나는
첫 번째 반응이며, 상대방에 대한 관심을 포함하는
초보적 소통이다. 〈개미〉에서 개미와 인간, 두 문명은
체스의 흑과 백처럼 전쟁을 치른다. 개미는 조그맣지만
정교하게 움직인다. 그리고 그 수가 헤아릴 수 없이
많다. 인간은 개미를 무시하지만, 아무리 살충제를
뿌리고 불을 질러도 개미를 근절하지는 못한다. 개미
특공대는 턱으로 인간을 깨물고 개미산을 분비한다.

외계인의 침공은커녕 개미의 습격이라니, 사람들이 미처 생각해보지 못한 '미지와의 조우'다.

그리고 베르베르는 비인간인 존재의 관점에서 인간을 심판하기를 사랑한다. 개미의 서사가 진행될수록 독자는 개미와 인간의 유사성을 발견한다. 나아가 개미의 관점으로 인간을 보는 법을 익힌다. '개미 103호'는 법정에 소환됐을 때 비인간 존재의 시선을 대변하여 사람들을 매섭게 질타한다. 인간은 어리석고, 자기 파괴적이고, 다른 생명체에게 해로운 존재다. 다만 구제불능은 아니니 반성하고 성찰하며 다음 단계로 나아가야 한다. 모든 생명체가 동등함을 인정해야 한다. 개미와 인간은 서로 배워야 한다. 그렇게 '1+1=3'이라는 생산적 변화를 이루어야 한다. 만남과 대결 다음에 올 것은 협력이다.

물론 쉽지 않다. 베르베르는 전쟁과 광신을 상당히 길게 묘사하곤 하는데, 이를 안타까워하면서도 상수로 받아들이는 태도를 보인다. 그의 인간관에서 마조히즘masochism과 노예근성은 인간의 본성이다. "사람들은 자유를 요구하면서도 정말로 자유가 주어질까 봐 전전긍긍하고" "반대로 권위와 폭력 앞에서는 안도감을" **❸** 느낀다. "내심으로는 정작 자유가 주어지면 골치가 아프리라는 것을 모두 알고 있다." **❹** 특히 신을 부르짖는 이들은 "스스로의 행동을 책임지지 않아도 복종만 하면 마음의 평화를 얻을 수 있는 세상" **❺** 을 제안한다. 신이라는 핑계를 대면 자신이 행위의 결과를 책임지지 않아도 되기 때문이다. **❻** 다만 어리석은 대중이 '1+1=0.5'를 이루더라도, 스스로 생각하는 이들은 새로운 생각을 낳는다. 〈개미〉의 성냥개비 수수께끼는 하나의 길을 가리킨다. "기존의 사고방식에서 벗어나 봐. 다르게 생각해, 새로운 시도를 해봐, 그래야 나은 방향으로 변할 수 있어" 지하실에 갇힌 자들은 수수께끼를 풀었기에 개미의 세상으로 들어가게 되었다. 개미 혁명의 주동자들은 개미를 비롯한 비인간 존재에게서 아이디어를 얻는다. 개미들은 인간을 따라

❸ 베르나르 베르베르 지음, 전미연 옮김, 《파피용(양장본)》(2007, 열린책들), 234쪽.

❹ 베르나르 베르베르 지음, 이세욱 옮김, 〈신 3(반양장)〉(2009, 열린책들), 302쪽.

❺ 베르나르 베르베르 지음, 전미연 옮김, 〈고양이 2〉(2018, 열린책들), 31쪽.

❻ 베르나르 베르베르 지음, 이세욱 옮김, 〈신 제2부〉(신판, 2011, 열린책들), 237쪽.

자신에게 번호가 아닌 이름을 붙인다. 〈고양이〉에서
화자인 '바스테트'가 깨달음을 얻은 이유는 인간의
지식을 흡수하면서 고양이의 관점을 벗어났기 때문이다.
바스테트는 〈개미〉의 일부 개미와 달리 인간을
신격화하지 않는다. 오히려 자신을 인간보다 나은
존재라고 여긴다. 더욱이 바스테트는 작중 누구보다
세계와 합일을 이룬다. 세계의 관점에서 모든
존재는 동등하고 유일무이하다. 베르베르의 작품을
지탱하는 〈상대적이며 절대적인 지식의 백과사전〉은
인간이 인간의 절대성을 거꾸러뜨린 역사를
설명한다. 코페르니쿠스, 다윈, 프로이트는 각자의
방법으로 인간중심주의를 무너뜨렸다. 그렇게 인간이
만물 사이에서 올바른 자리를 찾아가도록 만들었다.
비인간의 '외래적 시선'을 이용하는 베르베르의
관점은 새롭지만 낯설지 않다. 결국 철저히 인간을
이야기하기 때문이다. 그의 화자들은 인간이라는
종에 몰두한다. 뒤집어서 말하면, 그의 작품에서는
무언가가 인간을 보고 있다. 희곡 작품 〈인간〉의
인물들은 "누군가 지켜보는 것 같다"라며 관객의 시선을
의식한다. 결말에 이르면 거대 외계 동물이 그들을
지켜보고 있었다는 사실이 드러난다. 단편 〈그들을
사랑하는 법을 배우자〉에서처럼, 〈인간〉 속 인간은
애완동물이다. 우리가 전능한 신처럼 개미를 볼 때 신과
같은 미지의 거대한 관찰자가 인간을 보고 있을지도
모른다. 적어도 베르베르의 세계에서는 그렇다. 그는
"신들에 대한 인간의 관점이 아니라 인간에 대한 신들의
관점을 가정"[7]하며 한층 초월적 세계관을 구성한다.
진정으로 만물을 통해 인간을 보는 세계관이다.

[7] 〈신 제2부〉, 8쪽.

3. 숫자와 책의 세계

베르베르는 과학 저널리스트로 일하며 현장 조사로
자료를 모으는 방식을 익혔다. 〈개미〉를 쓰는 동안
아프리카에 갔을 뿐 아니라, 욕조에 개미집을 두었다고
한다. 그러나 사후세계나 외계 행성은 영적으로만

방문이 가능하다. 영매나 요가에 대한 관심 때문인지,
위와 같은 불가시의 세계는 베르베르의 작품에서 방대한
영역을 차지한다.

〈타나토노트〉, 〈천사들의 제국〉, 〈신〉 3부작과 〈죽음〉
및 〈심판〉은 사후세계를 가정한다. 인간은 환생을
겪으며 거대한 순환의 일부로 존재한다. 바깥
세계에는 인간의 희로애락을 구경하는 관찰자들이
있다. 작중인물들이 '진화'·'인프라월드'·'제5세계' 등을
만들어 가상 인간을 지켜보듯, 〈신〉에서 신 후보생들은
'18호 지구'를 확대경으로 들여다보며 자기네 부족에
개입한다. "우주의 첫 번째 기능은 신들을 즐겁게 하기
위한 공연장"[8] 이다. 게임-인간-신이라는 관찰자들은
마트료시카처럼 크기순으로 중첩된다. 나아가 신조차도
최고의 관찰자가 아니다. 인격신들 위에는 더욱 거대한
관찰자가 있다.

관찰자가 관찰된다는 순환 구조는 곧 역사의 순환으로
이어진다. 〈제3인류〉에서는 신장이 17m에 달하는
거인들의 역사가 인류의 행보와 교차한다. 인간은
자신을 만든 그들을 신으로 여겼다가 기어코 살해했다.
새로운 문명의 탄생은 종말을 내포한다. 역사를 망각한
인간은 17cm 크기의 '에마슈'를 만들고 자신이 신이라고
가르친다. 또 〈파피용〉의 경우, 지구를 탈출한 인류는
우주선에서 살아갈 '나비인'을 만든다. 이들은 1000년에
걸친 우주여행 끝에 거주 가능한 행성에 도달한다.
나비인 생존자는 다시 새로운 인간을 탄생시킨다.
그러나 태어난 아이는 나비인의 역사를 '창세기'처럼
변형시킨다. 지구에서 그토록 멀리 떠났는데도 인간은
태초의 이야기로 회귀한다. 나비인 생존자는 아이의
말을 들으며 어쩌면 탄생과 망각이 이전에도 수없이
일어났으리라는 통찰을 얻는다. 이렇듯 베르베르는
순환을 위대한 자연의 법칙이자 모든 존재의 숙명으로
승화시킨다. 개인의 영혼은 환생한다. 역사는 신화에서
현재로 반복된다. 세계는 생성과 소멸을 거듭하며
영속한다. 이러한 이치는 숫자로 환원된다. 0에서 시작해

8 〈신 제2부〉, 8쪽.

0으로 돌아가는 십진법의 숫자는 삼라만상을 상징한다. 0은 알이고, 없음이며 동시에 모든 것이다. "신이 '모든 것'으로만 정의될 수 있다면, 이 '모든 것'으로서의 신은 그것의 대립항, 즉 '없음'에 의해서만 존재"[9]한다.

[9] 베르나르 베르베르 지음, 이세욱 옮김, 《신4(반양장)》(2009, 열린책들), 631쪽.

8은 끝없이 소용돌이치는 무한의 고리다. 그런데 8보다 큰 9는 외부로 향하는 열린 나선이며 태아의 모습이다. 10으로 향할 수 있는 단계다. 하지만 자칫 0으로 환원할지도 모른다. 모든 것이 무로 돌아가는 반복 상태에서 벗어나려면 십의 자리와 같은 한층 높은 차원을 인식해야 한다. 물리적으로 움직이는 대신 정신적으로 성숙해야 한다. "영원히 탈출을 계속할 수는 없"[10]다.

[10] 《파피용》, 389쪽.

여기서 베르베르는 전진 방법을 찾는다. 그의 세계는 무한히 닫힌 고리가 아니라 나선을 그리며 앞으로 나아가는 것이다. 윤회 사상에서 생은 고통이지만, 베르베르에게 고통은 진화로 나아가는 기반이다. 또한 9가 10이 되려면 1을 더하는 동시에 10의 자리를 인식해야 한다. 모든 생명을 품은 9에 다음 차원을 보여주는 지식이 필요하다. "'생명+지식' … 덕분에 우리는 똑같은 실패를 부르는 똑같은 실수를 반복하지 않을 수"[11] 있다. 지식을 보존하면 진화가 일어난다.

[11] 《파피용》, 323쪽.

책은 지식에 불멸성을 부여한다. 독창적 미래를 보는 예언가, 다른 세계를 구현하는 작가, 인간을 나은 방향으로 이끌려는 선구자들은 직접 책을 쓴다. 읽기는 불멸 다음을 상상하게 한다. 《개미》의 사람들은 백과사전의 지식을 통해 다르게 생각하기 시작하고, 《파피용》의 신인류는 선조가 남긴 책을 보고 배운다. 책이야말로 "이 세상에서 유일하게 견고한 지식"이며, "우리의 생각은 책을 매개로 경계를 뛰어넘어 무한히 확산"[12]된다. 책에 담기는 세상은 초시간적 보편성을

[12] 베르나르 베르베르 지음, 전미연 옮김, 《행성 1》(2022, 열린책들), 71쪽.

획득한다. 마치 인간이 정수리의 차크라를 통해 영적 세계의 관념을 공유하듯, 책은 개별자들을 보편의 차원으로 안내한다.

그리고 책에 생명을 부여하는 것이 독자의 몫이다.

131

작가가 책으로 '생명+지식'을 만든다면 독자는
읽음으로써 '지식+생명'을 행한다. 읽기는 단순한
관찰이 아니라 세계를 생성하는 과정이다. 〈개미〉의
'쥘리'는 어떤 존재가 자신을 책으로 읽는다는 생각에
두려움을 느끼지만, 〈신〉의 에드몽 웰스는 자신이 책으로
존재한다는 사실에 환호한다. "얼마나 좋은가? 읽힐
때마다 끝없이 다시 태어날 수 있다는 게." [13] 독자는
이들에게 생명의 근원이다. 동시에 이들 자신도 독자가
될 수 있다. "자네 역시 그 능력이 있잖아. ... 읽기! 그리고
이 신성한 행위를 통해 한 세계를 창조하기!" [14]

[13] 베르나르 베르베르 지음, 임호경 옮김, 〈신6(반양장)〉(2009, 열린책들), 658쪽.

[14] 〈신 6〉, 659쪽.

베르베르의 수비학에서 10 다음의 숫자는 111, 즉
종이를 겹친 책의 모양이다. 책 속의 우주에 바깥의
독자가 더해지면 다시금 대규모의 초월이 일어난다.
지식은 '1+1=3'이고 세계는 '9+1=10'이지만 우리의
독서는 '10+1=111'이다. 〈상대적이며 절대적인 지식의
백과사전〉의 페이지를 읽을 때 독자는 111을 만든다.
작중 '백과사전'은 의도적으로 편집된 형태로 특정한
위치에 등장한다. 이는 정보를 전달하면서 동시에
독자가 특정한 관점으로 이야기를 이해하도록 유도한다.
눈앞의 폭력을 인류 역사에서 반복된 현상으로, 개미와
같은 비인간을 인간과 동등한 생명으로, 단순한 숫자를
세상의 이치로 읽도록 만든다. 독자는 독서를 통해
베르베르의 인물들과 함께 '다르게 생각하기'에 참여한다.
등장인물이 향하는 보편의 차원을 같이 바라보게 된다.
책을 읽으면 시야가 트인다는 말은 거대한 진실이다.
이는 베르베르가 '철학소설'로 끈질기게 추구하는
철학이기도 하다.

4. 1+1=3의 법칙

결국 '1+1=3'으로 시작하는 베르베르의 등식은 우리가
기존에 알던 세상의 바깥을 바라볼 때 참으로 변한다.
3을 아는 사람은 10으로, 111로 향한다. 반대로 '2단계'만
알고 '3단계'를 모르는 사람은 "2단계가 아닌 것은 모두
'1단계'라고 생각"한다 [15]. 바깥과 접촉하기 위해, 영혼이

[15] 〈신 6〉, 376쪽.

여행을 떠나기 위해 필요한 준비물은 우리의 의식뿐이다. 베르베르는 최면이나 전생 체험을 즐겨 사용한다. 명상과 요가의 자취도 엿보인다. 우리는 자신의 의지로 진화를 이룰 수 있다.

여기에는 우리가 스스로 생각할 능력이 있다는 믿음이 깔려 있다. 인간이 아무리 피하려 들더라도 인간에게는 자유가 있다. "정신이 무한히 확장할 가능성"[16]과, 가능성 중에서 자신을 어떻게 구성할지 선택할 능력이 있다.

[16] 베르나르 베르베르 지음, 전미연 옮김, 《행성 1》(2022, 열린책들), 372쪽.

"인간은 더 이상 필연이나 운명, 대자연, 신, 혹은 보이지 않는 힘을 탓할 수 없다."[17] 더불어 베르베르는 정답을 맞히기보다 스스로 생각하는 일이 중요하다고 말한다.

[17] 베르나르 베르베르 지음, 전미연 옮김, 《제3인류 6》(2016, 열린책들) 369쪽.

"적어도 그 오류가 여러분 대신 생각하려는 사람들 것이 아니라, 여러분만의 것이길"[18] 바란다. 오류 역시 자신을 규정하는 행위기 때문이다.

[18] 베르나르 베르베르 지음, 임희근 옮김, 《파라다이스 2》(2010, 열린책들), 218쪽.

물론 자유는 책임을 수반한다. 하지만 자유와 책임 사이에는 선택이 있다. 탄생birth과 죽음death 사이에 선택choice이 존재한다는 말은 여기에 꼭 들어맞는다. 심지어 〈고양이〉와 〈심판〉은 타고난 특성이나 상황마저 "너의 영혼이 일부러 선택한 시련"이라고 말한다. 이는 극히 실용적이고 긍정적인 탓에 오히려 안이해 보일지도 모른다. 하지만 베르베르가 상상의 세계를 통해 의도하는 바는 책임을 추궁하는 것이 아니라, 독자의 생각을 전환시키는 것이다. 과거를 답습하지 않도록 우리를 미래로 내모는 것이다. '1+1=3'과 같은 전환은 "내일의 인류는 분명히 오늘의 인류보다 나을 것"[19]이라는 마음으로 그가 내미는 등불이다. 앞서 보았듯이, 생명과 지식을 들고 새로운 선택을 해나가야만 답습에서 벗어날 수 있기 때문이다.

[19] 베르나르 베르베르 지음, 이세욱 옮김, 《개미 5》(신판, 2001, 열린책들), 791쪽.

베르베르는 상상력이 자신을 구한 것처럼, 더 나은 미래를 상상하는 것이 우리를 구하리라 말한다. 그의 홈페이지 메인에는 구름 너머의 세계를 그린 이미지가 걸려 있다. 방문자는 그 이미지를 눌러 안으로, 혹은 밖으로 접속한다. 개미에서 신에 이르는 다차원의 '바깥'을 상상하기, 그것이 베르베르의 30년을 요약하는 '3'의 생각이다.

오후 3시부터 5시까지는
자료를 조사하고, 소설 이외의
프로젝트 작업을 합니다.

17:00

18:00

오후 5시부터 1시간 동안
유산소운동을 하고
집으로 돌아와 가족들과
저녁을 먹고 함께 시간을
보냅니다.

요즘에는 저녁 시간에 파리 9구에 위치한 아담한 극장 '라 브뤼예르 La Bruyère'에서 〈내면 여행〉이라는 공연을 하고 있어요.

19:30

라 브뤼예르 극장은 작은 규모의
전통 소극장이에요. 오래된 카운터와
335여 개의 객석 그리고 자그마한
무대가 인상적인 이곳에서 저는
객석의 관객들과 늘 가까이
소통합니다.

20:00

20:15

〈내면 여행〉은 관객이 직접 참여하는 공연인데, 우리가 가진 다양한 감각을 일깨우는 경험과 착시 현상을 통해 우리가 현실을 보는 관점과 인간 본연의 정신을 탐험하는 시간을 갖게 되죠. 무의식, 정신세계, 자연 그리고 현실을 모두 경험할 수 있게 해주는 공연입니다.

20:45

21:00

Talk About

베르나르 베르베르는 그의 팬들은 물론 창작가와 타 분야 전문가, 나아가 한국 SF 문학계에 적지 않은 영향을 미쳤다. 베르베르와 동시대에 살고 있는 단순 독자 이상의 인물들을 만나 그의 가치와 영향력에 대해 들어봤다.

박상준

자타 공인 SF 전문가.
서울SF아카이브를 운영한다.

*

문화예술을 하는 사람들은 당대의 보통 사람들이 애써
들춰내고 싶어 하지 않거나 미처 깨닫지 못하는, 과학기술의
발달로 야기되는 부정적인 면을 지적하고 성찰을 요구하는
역할도 해야 합니다. SF야말로 이러한 역할을 직접적으로
담당한다고 생각해요. 스토리텔링의 형태로 현대인에게
끊임없는 성찰과 개안을 촉구하는 거죠.

*

우리는 끊임없이 유토피아를 추구하지만, 현실에서는
디스토피아적 측면이 계속 나타나고 있어요. 미래에
우리가 살아갈 세계의 스펙트럼 양극단이 유토피아와
디스토피아라면 그 가운데 어느 지점에서 계속 우리의
미래를 모색해야 하는 상황인데, 그 지점을 미래의
시나리오라는 형식으로 펼쳐서 보여주는 게 SF라고 볼 수
있습니다.

*

베르나르 베르베르의 〈개미〉를 처음 접하던 때를 지금도
생생하게 기억합니다. 그의 작품이 국내에 소개되기 전,
그가 〈개미〉를 발표해 프랑스 본토에서 큰 인기를 끌고
있다는 소식을 해외 출판계 단신을 통해 접했어요. 그 후
1권이 번역되어 국내에 출간되던 때 종로서적에 갔더니
타블로이드판형 소식지에 〈개미〉와 작가에 대한 소개가 담겨
있더라고요. 당시로서는 상당히 새로운 시도를 열린책들이 한
거죠. 프랑스에서의 〈개미〉 출간 소식을 기억하던 차에 이를
보고 관심이 커져서 〈개미〉를 직접 읽게 되었습니다.

*

이후 그의 작품을 더 읽지는 못했습니다. 당시 저는 국내에
잘 알려지지 않은 장르 문학으로서 충실한 SF물을 열심히
찾아 읽던 시기였어요. SF 마니아들이 탐닉하면서 볼 법한
작품들이 우선순위가 되다 보니, 베르베르 작가의 작품을
읽을 타이밍을 놓쳐버린 거예요. 그의 작품은 대부분 SF
마니아를 위한 작품이라기보다 일반 소설 독자의 눈높이에
맞춰진, 그래서 대중적으로 훨씬 더 재미있게 읽을 수 있는
작품이라고 생각했죠.

*

한국에서 〈개미〉가 큰 성공을 거둔 후 저를 포함한 SF 팬들은 '〈개미〉를 통해 SF 소설이 일반 대중에게 널리 알려졌으니 다른 SF 작품도 인기를 끌 것'이라고 생각했습니다. 그런데 독자들이 다른 SF 소설을 읽는 게 아니라 베르베르의 차기작을 기다렸다가 읽어버리고요. 베르나르 베르베르 자체가 하나의 장르가 되어버린 거죠. 강력한 팬덤이 일종의 왕국이 되어 존속하고 있다고 봅니다. 마이클 클라이튼 Michael Crichton이 쓴 〈쥬라기 공원(Jurassic Park)〉이 그랬던 것처럼요.

*

한국의 SF 소설 독자층이나 SF 팬덤이 성장해온 데 베르베르의 공이 상당히 크다고 생각합니다. 최근 들어 김초엽 같은 국내 SF 작가들의 소설이 상업적으로 성공하는 등 SF 장르의 재발견이라고 할 수 있을 정도로 SF 소설 독자층이 넓어지고 있습니다. 이 바탕에는 베르베르와 같은 작가들이 지난 30년 동안 꾸준히 일반 소설 독자의 눈높이나 성향을 SF 쪽으로 견인해온 효과도 분명히 있다고 봐요. 과학적 주제와 스토리텔링이 결합된 형식의 소설을 통해 의식적이든 무의식적이든 꾸준히 영향을 끼친 거죠.

*

베르베르 작품의 스토리텔링적 측면과 과학기술적 묘사의 엄밀성 측면의 밸런스는 독자마다 다 다르게 평가할 수 있는 부분이라고 봅니다. 그래서 과학기술적 묘사의 엄밀함에 중점을 두는 SF를 '하드 SF'라고 따로 분류하기도 하죠. 그런데 베르베르는 하드 SF 작가가 아니에요. 사실 SF 작가 중에서도 하드 SF 작가는 소수입니다. 어떤 독자는 과학적 측면에서의 부족함을 근거로 베르베르 작품을 비판할 수 있겠지만, 이건 어디까지나 상대적 관점이라고 생각합니다. 베르베르의 작품 전체를 평가하는 데 중요한 부분도 아니라고 생각하고요. 저는 개인적으로 그의 작품 수준이라면 훌륭한 SF 소설로서 어필하는 데 아무런 문제가 없다고 판단합니다.

*

제가 감히 베르베르 작가를 평가하자면, 일단 굉장히 노력하는 작가로 볼 수 있습니다. 꾸준히 새로운 작품을 집필하는 게 결코 쉬운 일이 아니잖아요. 굉장히 성실한 작가라는 점을 부인할 수 없습니다. 그렇다면 그에 대한 팬덤 역시 이러한 작가의 모습에 부응해 꾸준히 지속되지 않을까요?

*

단기간에 급성장한 것들은 그만큼 빨리 씻겨나가기도 하는 경향이 있는 것 같아요. 하지만 베르베르의 팬덤은 오랜 세월에 걸쳐 천천히, 아주 탄탄하게 형성되어왔기 때문에 설령 쇠퇴 기미가 있다 하더라도 단시간 내 금방 사그라들지는 않을 거라고 생각합니다. 그가 앞으로 어떤 작품을 선보이느냐에 따라 팬덤이 더 두터워질 수도 있다고 생각해요.

심너울

심리학, 생물학, 코딩에
관심을 가진 SF 작가.

*

저는 마감을 잘 지키고 생산성이 높은 작가가 되고 싶어요.
힘든 현실을 살고 있는 사람들에게 잠시나마 고통을 잊고
쾌감을 얻을 수 있는 이야기를 들려주는 것도 목표고요. 집필
습관은 딱히 없고, 하루에 5000자는 꼭 쓰려고 노력합니다.
베르나르 베르베르가 정말 성실한 작가인 것처럼 저도
'성실하고자 하는' 작가로 봐주시면 좋겠습니다.(웃음)

*

처음 접한 베르베르의 작품은 초등학생 때 학급 문고에 있던
단편집 〈나무〉입니다. 어릴 때부터 서사가 빠르게 진행되는
작품을 선호했거든요. 읽고 나서 흔히 말하는 경이감이라는
감정을 처음 느껴봤습니다. 그 후 〈개미〉, 〈타나토노트〉 등
그의 초기 장편을 찾아 읽기 시작했죠.

*

〈나무〉 수록 단편 중에 주인공이 본인 생각에 영원히
빠져들기 위해 뇌만 끄집어내 영양액 속에 들어가서
살아가는 작품이 있는데요, 마지막에 아이들이 이 뇌를
꺼내서 갖고 놀다가 결국 개가 이걸 잡아먹으면서 소설이
마무리돼요. 당시 어린 마음에 상당히 충격적이었던
장면인데, 삼라만상의 깨달음을 얻어도 결국 우리는 물질에
얽매여 있고 허무하게 끝날 수 있다는 거죠. 이런 설정이 제
정서와 가치관에 많은 영향을 준 것 같습니다.

*

인간 세계의 깊은 비밀이 드러나고, 이를 통해 사람들이
바뀌고 깨달음을 얻지만 최종적으로 세상을 바꾸지는 못한다.
베르베르 작품 중에는 이런 흐름의 작품이 적지 않습니다.
개인적으로는 깨달음이 세상에 퍼져 세계를 바꾸는 일종의
해피엔딩을 작품 속에서 허락해도 되지 않았을까 하고
생각한 적이 있어요. 하지만 동시에 어렵겠다는 생각도
들더라고요. 작가로서 새롭게 바뀌는 세상에 대해 쓰는
건 정말 쉽지 않은 일일 테니 베르베르를 탓하는 마음은
없어요.(웃음)

*

가장 좋아하는 작품은 〈타나토노트〉입니다. 죽음 이후의
세계는 모두가 의문을 갖고 있는 세계인데, 이에 대한
설정이 상당히 그럴 듯하다고 느꼈어요. 특히 작품 후반
사후세계가 사람들에게 폭로되자 어떻게든 착한 일 점수를
쌓으려 하고, 염력을 통해 사후세계의 광고판을 만드는 등의
장면이 나오잖아요. 이 부분은 작가가 사고의 실험을 상당히
많이 했다는 흔적이라고 생각했어요. 굉장히 풍자적이고
재미있기도 했고요.

*

가장 오래된 SF 작가 라고 하면 쥘 베른이라 할 수 있죠.
그의 작품에선 사람이 달에 가서 숨 쉬고, 전자기 추진
잠수함 노틸러스호 안에서 쾌적하게 생활하기도 합니다.
저는 이런 설정이 과학적으로 완벽히 고증되어서가
아니라 경이감 같은 특별한 느낌을 주기 때문에 가치
있다고 생각해요. 베르베르도 마찬가지라고 봅니다. 그는
하드 SF 작가가 아니죠. 하드 SF 시각에서 그의 작품들은
소프트하지만, 이러한 분위기를 통해 자신이 전하고 싶은
내용을 효과적으로 전달하는 이야기로 볼 수 있어요. 꼭
유물론자여야만 SF 작가가 되는 것은 아니라고 생각해요.

*

하드 SF를 좋아하는 사람들에게는 그들만의 자부심이나 고집
같은 게 있어요. 이 자체를 나쁘다고 생각하진 않습니다. 이런
게 있어야 마니아나 마니아 수준을 뛰어넘은 집단 문화를
유지할 수 있다고 보거든요. 물론 이러한 부분이 소프트한
SF물을 무조건 비난하는 근거가 되면 안 되겠지만요.

*

한국 독자는 꾸준히 발행되는 베르베르의 장편을 통해
'SF 대하소설 읽기'에 단련되었다고 생각해요. 그래서
저는 한국 작가들이 좋은 장편 SF 소설을 쓴다면 이미
단련된 독자가 많이 읽어줄 거라고 봐요. 어떻게 보면
베르베르가 한국 SF 소설 시장이 성장할 수 있는 가능성을
만들어주었다고 할 수도 있겠네요.

*

저는 〈스타 크래프트〉와 〈데드 스페이스〉 같은 SF 게임의
영향도 많이 받았습니다. 개인적으로 우주선을 정말 좋아해서
우주선이 등장하는 게임은 대부분 좋아하는 편이에요.
그리고 단세포에서 시작해 이를 크리처, 부족, 문명, 행성으로
성장시켜 외계인과 교신까지 하는 〈스포어〉라는 게임이
있는데, 이 게임을 통해 진화 과정에서 느껴지는 장엄함과
이를 통한 영감을 많이 받았습니다.

*

베르베르 작가의 〈신〉을 읽은 독자 중 일부는 '이 작품은
분명히 PC 게임 〈문명〉 시리즈를 실제로 해보고 쓴
소설'이라고 이야기합니다. 소설 내용이 게임의 진행
양상과 유사하거든요. 개인적으로는 그가 100% 〈문명〉을
플레이해봤다고 생각해요. 그래서 저는 그가 〈문명〉이나
〈블랙 앤 화이트〉 같은 시뮬레이션 게임 개발에 참여한다면
좋은 작품이 탄생할 거라고 봐요.

*

비인간들의 사회가 유지되는 방법과, 어떤 역사를 밟게
되는지를 창의적으로 보여주면서 동시에 인간들의 본질을
다루는 것이 베르베르의 장기라고 생각해요. 그래서 〈파피용〉
같은 작품을 한 번 더 써주었으면 좋겠습니다.

전현지

프랑스 코즈메틱 기업의
프로젝트 매니저.

*

중학교 2학년 때 처음 읽은 베르나르 베르베르의 작품은
〈타나토노트〉입니다. 그의 작품 중 가장 좋아하는 소설이기도
해요. 지금도 특정 장면과 문장까지 기억날 정도죠. 사실
그 전년도 즈음 독서를 즐기는 친구들 사이에서 〈개미〉가
유행했는데, 저는 사람이 나오지 않는 이야기엔 별로
관심이 없어 읽지 않았어요. 〈타나토노트〉는 책 취향을 서로
공유하던 친구가 읽고 나서 너무 재미 있다며 권하더군요.
다 읽은 후에는 '어쩌면 세상에 이런 이야기가 있나'
싶었습니다. 프랑스 소설이라곤 앙드레 지드 Andre Gide와
알렉상드르 뒤마 Alexandre Dumas의 책밖에 읽어본 적 없는
저에게 프랑스라는 나라를 전혀 다른 모습으로 보게 해준
작품이기도 하고요.

*

〈상대적이며 절대적인 지식의 백과사전〉, 〈나무〉, 〈뇌〉,
〈아버지들의 아버지〉, 〈천사들의 제국〉은 〈타나토노트〉의
후속이었기 때문에 번역판이 나오자마자 즐거워하며 읽은
기억이 나고, 〈신〉은 프랑스에서 발간된 시점에 읽었습니다.
에세이집 〈여행의 책〉, 그래픽 노블 〈엑시트〉도 읽었네요.

*

이후로 그의 작품을 읽지 않게 된 이유는 취향과
관점이 달라져서겠죠. 사회인이 된 후 책 읽을 시간이
제한적인 상황에서 선택과 집중을 한 결과기도 하고,
개인적으로는 프랑스에 거주하게 된 후로 오히려 프랑스
문학을 거의 찾아 읽지 않게 되었는데, 그 부분이 무엇보다
크게 작용한 것 같습니다.

*

〈천사들의 제국〉에서 선업 점수를 최적화하는 방향으로
내세를 설계하는 내용이 나오는데, 작가 특유의 블랙 유머가
돋보이면서도 카르마의 작용을 굉장히 구체적으로 언급한
장면이어서인지 지금도 종종 기억이 납니다.

*

그의 몇몇 여성 캐릭터를 클리셰적이고 타자화된 모습으로
묘사했다는 느낌을 종종 받았어요. 특히 뤼크레스와
이지도르의 관계 묘사는 별로 마음에 들지 않았습니다.
하지만 30여 년이 지난 지금 그가 쓰는 인물들은 좀 다르지
않을까 싶네요.

*

저는 개인적으로 그가 19세기를 배경으로 한 스팀펑크물을
쓰면 어떨지 궁금하다는 생각이 문득 들었습니다.

알렉상드르 피코

프랑스 모 기업의 영업 디비전 키 어카운트 매니저.

*

책 읽기를 좋아합니다. 다만 적극적으로 새 책을 찾는 편은 아니고요. 기존에 알던 작가들의 작품 위주로 읽다가 당대의 다른 작가들로 넓혀가거나, 지인에게 추천을 받는 등의 경로를 통해 새롭게 발견하는 쪽입니다. 개인적으로 즐겨 읽는 책은 19세기 문학, 그 가운데서도 모파상(Guy de Maupassant)입니다. 최근에는 학생 때 읽던 〈고리오 영감(Le père Goriot)〉을 다시 펼쳤는데, 발자크(Honore de Balzac) 소설의 재발견이었습니다.

*

처음이자 마지막으로 읽은 베르나르 베르베르의 작품은 〈개미〉입니다. 프랑스에서도 발간 당시 화제가 된 것으로 알지만, 저는 한참 후인 대학교 재학 시절에 도서관에서 우연히 눈에 띄어 읽게 되었습니다. 사실 기억력이 그다지 좋지 않아 인상에 강하게 남지 않으면 영화나 소설을 보거나 읽었다는 것 자체를 잊어버리는 편이거든요. 한데 〈개미〉는 너무나 강렬했기 때문에 지금도 책을 읽던 당시의 기억이 생생합니다.

*

〈개미〉 이후 작가를 매체나 다른 경로를 통해 접하는 일이 드물다 보니 다른 작품을 찾아 읽게 되지는 않더라고요. 좋아하는 작가가 대부분 이전 세기 사람들이다 보니 신간 정보를 업데이트할 필요가 없기에 생긴 느긋함인지도 모르겠네요. 사실 이 인터뷰를 계기로 최근 작품들을 찾아봤는데, 프랑스판 표지에 체스판이 그려진 신간이 있더군요. 체스를 좋아하니 일단 그것부터 읽어보려고 합니다.

*

〈개미〉를 읽은 뒤로는 이전과 다른 시선으로 개미를 보게 되었습니다. 우리가 모르던 세계를 책을 통해 엿보게 된다는 게 그런 거겠죠. 지인들에게도 '〈개미〉를 읽고 나면 결코 이전과 같은 눈으로 개미를 볼 수 없게 될 거야'라고 말한 기억이 납니다.

*

나중에 아들에게도 그의 작품을 꼭 읽게 하고 싶습니다. 오락적 측면에서도, 생각의 지평을 열어준다는 점에서도 즐거운 독서가 될 테니 적극 추천할 것 같아요. 특히 〈개미〉는 말이죠.

김은혜

강동경희대학교한방병원
암센터 소속의 한의사.

*

제가 처음 접한 베르베르의 작품은 〈신〉이었어요. 어딘가
실재하는 세계라고 착각할 만큼 치밀하고 생생한 묘사가
인상 깊더라고요. 주인공뿐 아니라 등장인물 모두에게
감정이입이 될 만큼 캐릭터도 입체적이고 현실적이었습니다.
책을 덮었을 땐 좋은 이야기를 듣고 나서의 충족감에 가슴이
벅차올랐습니다.

*

국내 출간된 다양한 베르베르의 작품을 읽었지만 그중
가장 좋아하는 책은 〈신〉입니다. 다른 시간대에서 살고
있는 제가 지금의 나와는 다른 선택을 하는 설정의 평행
세계와 상대성이론, 우주 등의 이야기를 좋아합니다.
〈신〉에서 기억에 남는 장면이 있어요. 빈 종이에 '바로
당신?'이라는 글자만 쓰여 있는 페이지를 넘겼을 때인데요,
글자가 빼곡히 적힌 종이를 정신없이 읽고 넘기다가 갑자기
마주친 네 글자에 당황한 기억이 나요. 작가가 소설을
유흥의 개념으로 대하는 게 아니라 현실로 끌고 오는 게
느껴졌거든요.

*

전 SF 문학을 굉장히 좋아합니다. 베르베르의 작품은
공상과학적인 면을 광범위하게 다루고 있는데, 독자는 굉장히
현실적 메시지를 전달받게 돼요. 이렇게 될 수 있는 이유는
베르베르의 작품이 독자들이 사는 평범한 인간 세상에서
전개를 시작하기 때문이라고 생각해요. 작품 속 배경이
독자가 경험하지 못한 세계에서 진행되더라도 마찬가지죠.
극복하는 과정이 현실과 매우 유사하게 표현되어 독자가
쉽게 몰입할 수 있어요. 베르베르의 책은 옳고 그름이 분명히
정해져 있는 과학, 관찰자의 열광, 틀을 갖춘 문학의 삼박자를
적절히 엮어 만든 걸작이라고 생각합니다.

*

미래를 공상해서 쓴 SF 문학을 읽고 나면 역설적이게도
'사람 사는 일이 거기서 거기구나'라는 생각이 들곤 했습니다.
어디에 사는 누구의 인생이든 삶은 멀리서 보면 희극,
가까이서 보면 비극이에요. 죽고 싶을 정도로 힘든 고난
속에서 각자의 방식대로 발버둥치며 살아가는 과정이 인간의
삶 아닐까요. 베르베르의 책을 읽으면 사람마다 가지고
있는 극복 방식의 다양성이 이해가 되고, '왜 하필 나만'으로
시작되는 불만도 사라져요. 동시에 환자들이 느끼는 '왜 하필
나에게 이런 일이' 같은 감정에도 공감할 수 있게 되죠.

*

시간의 흐름에 따라 달라지는 관점을 기록하고 싶다는
소망을 마음 깊이 간직해왔습니다. 오래 활동한 가수가
세월에 따라 달라지는 감정을 노래하는 것처럼요. 그 소망의
시작에는 매년 자신의 관심사를 바탕으로 소설을 출간해온
베르베르의 영향이 큽니다.

*

저는 지금 인생에서 몇 달간 환기의 시간을 보내고 있습니다.
잠깐 일을 쉬면서 지난 십수 년간 반복해온 선택과 그 결과에
대해 생각하고 있어요. 당장 몇 주 혹은 몇 달간 쉬는 일이
어려운 사람이라면 베르베르의 작품을 읽으면서 생산적인
휴식이 가능할 거라고 봐요. 그의 세계관을 따라 바쁜
현대사회에서 잠깐이나마 숨 돌릴 틈도 만들 수 있을 거고요.

*

〈파피용〉이 영화화되길 기대하고 있어요. 아무것도 없는
무(無)에서 세계를 창조해내는 건 상상력이 할 수 있는
위대하면서도 매우 어려운 작업입니다. 그 작업을 화면에서
표현해내려면 기술이 필요하겠죠? 광범위한 배경이
현실의 삶처럼 느껴질 수 있도록 CG 기술이 발달하면
영화를 성공적으로 만들 수 있을 거라고 생각합니다. 영화
〈인터스텔라〉처럼요.

*

몸과 마음이 힘든 상황에서 현실에 몰입하면 부정적인
상황만 상상하게 됩니다. 마치 '지금부터 코끼리를 생각하지
마'라는 명령을 들으면 코끼리만 생각나는 것처럼요.
저는 이럴 때 의도적으로 사고의 방향을 다른 곳으로
돌리곤 합니다. 어떻게든 지금을 버텨내려 하기보다 운동과
독서를 권하는데요, 운동이 몸을 의도적으로 움직이는
행위라면 독서는 머리를 다른 곳에 신경을 쏟게 하는 일이기
때문입니다. 이로써 부정적인 생각이 체력을 깎아먹는 대신
잠깐 다른 세계로 휴식을 떠날 수 있게 되죠. 흡입력이
대단한 베르베르의 작품은 이 효과를 노리기에 더욱
효과적입니다. 그의 소설을 읽는 동안 가장 쉽고 즐겁게
사고의 환기를 할 수 있게 되죠.

*

제게 속마음을 토로하던 사람에게 베르베르의 소설 〈기억〉을
읽어보라고 추천한 적이 있습니다. 이 책은 제가 과거의
상처를 깊이 파고들면서 부정적인 장면을 반복적으로
떠올리며 스스로를 해칠 때 읽었는데요, 생각의 방향을
돌리는 데 큰 도움을 받았습니다.

*

언젠가는 베르베르가 생각하는 현실의 모습을 적나라하게
표현한 작품을 보고 싶습니다. 조제 사라마구 José Saramago가
쓴 〈눈먼 자들의 도시〉처럼요. 물론 지금까지의 업적만으로도
세계인에게 큰 영감을 줬기 때문에 감사한 마음이 큽니다.

서윤빈

2022년 한국과학문학상에서
〈루나〉로 중·단편소설 부문
대상을 받은 SF 작가.

*

매일 쓰면 좋겠지만 따로 루틴을 가지고 글을 쓰진
않습니다. 제 글쓰기 철학은 힙합에 가까워요. 소설이란
장르가 도스토옙스키 시절처럼 크고 대단한 개념만 얘기할
수는 없게 되었으니까요. 솔직하고 유머러스한 이야기를
쓰고 있습니다.

*

베르베르의 작품은 초등학교 4학년 때부터 읽기
시작했습니다. 제가 1990년대생이거든요. 베르베르를
처음 접했을 땐 〈개미〉나 〈뇌〉는 물론 〈신〉과 〈웃음〉까지
모두 출간된 상태였어요. 어릴 때부터 과학에 관심이 많아
천문학자 칼 세이건 Carl Sagan의 〈코스모스〉 같은 책을
찾아 읽다가 〈개미〉를 읽게 됐어요. 기억에 남는 장면은
피라미드 수열이에요. 참신하다고 생각했죠.

*

진로를 결정할 무렵 주변 어른들이 문과와 이과에 모두
관심이 있으면 이과를 먼저 배우라고 조언해줬어요.
문과 공부는 언제든 할 수 있다고요. 지금 생각해 보면
그 속마음은 취업에 도움이 되는 과에 가라는 거였던
것 같아요. 덕분에 나름대로 융합형 인재가 되었답니다.
대학에선 공학을 전공했어요. 창업은 어렵고 취업은 제로섬
게임 같아서 글을 쓰기 시작했고요.

*

〈프랑켄슈타인〉으로 시작하는 원론적 얘기는 누군가
다른 사람이 하겠죠? 제 나름의 비유로 얘기하는 게 가치
있을 거라고 생각하는데요, 모든 장르는 다른 장르와의
차이에 의해 정의돼요. 겉보기에 SF와 가장 비슷한 장르는
판타지예요. 판타지의 세계는 존재론적으로, SF는 과학적으로
구성되어 있어요. 예를 들어 '드래곤'이 있다고 해볼게요.
드래곤은 고대의, 강한 마력을 지닌 존재일 거예요.
'입에서 불을 뿜고 강력한 마법의 힘을 가졌다. 그 강력한
마력의 원천은 꼬리다'라는 식으로 설명할 수 있겠죠.
여기까지는 두 장르가 동일할 수 있어요. 하지만 인간이
드래곤을 무찔러야 한다면 과정에서 차이가 날 거예요.
판타지에서는 드래곤보다 강한 존재와 계약을 맺어 드래곤을
함정에 빠뜨릴 거예요. SF에서는 드래곤이 어떤 이유로
마력을 지니고 있으며 어떻게 마법을 저장하는지를 밝혀
그 원리를 이용해 드래곤보다 더 많은 마력을 저장할 수 있는
저장장치를 만들어 내겠죠. 드래곤의 강함이 과학적이기
때문에 인간은 그 힘을 재현할 수도 있고 분석해 역이용할
수도 있게 돼요.

*

우리나라에서는 베르베르의 소설이 SF라 하기에는 충분히
과학적이지 않다는 의견도 있어요. 이걸 드래곤 비유로
돌아가서 설명해볼게요. SF라면 드래곤이 지닌 힘의 원천을
찾은 다음 그보다 더 많은 마력을 저장하는 장치를 만들
수 있다고 했죠? 베르베르가 쓴 〈타나토노트〉에선 사후
세계로 가는 과정에서 '사자의 서' 같은 내용을 소재로
언급합니다. 정통 SF라면 사자의 서를 과학적으로 분석해
이야기를 끌어나가야 해요. 하지만 베르베르는 그렇게 하지
않죠. 과학적인 분석이나 사유보다는 사자의 서 그 자체를
바탕으로 이야기를 전개합니다. 정리하자면 그의 소설은
구조적으로는 판타지, 톤은 SF라고 할 수 있겠네요.

*

〈타나토노트〉, 〈신〉, 〈아버지들의 아버지〉, 〈파피용〉,
〈상대적이고 절대적인 지식의 백과사전〉 등 국내 출간된
베르베르의 책을 다양하게 읽었어요. 〈타나토노트〉를
가장 좋아했고요. 그의 소설을 영화·드라마·게임 등으로
만드는 시도가 있었다고 아는데, 저는 회의적이에요.
제가 느끼는 베르베르는 수다를 잘 떠는 사람이에요.
능청스럽고 있어 보이게 과학적인 지식을 다루는 특별한
능력이 있죠. SF든 판타지든 현실에 없는 이야기를 말이
되는 것처럼 설득하고 넘어가야 하잖아요. 그걸 지적으로
다루면서 자연스럽게 넘어가는 좋은 기술을 지닌 작가예요.
다만 그의 능청은 장면으로 표현되어 있지 않습니다.
시각화했을 때 오히려 어색하고 우스운 장면이 많아질
겁니다. 굉장한 각색을 한다면 가능할 수 있겠지만, 그렇지
않다면 어려울 것 같아요.

*

1년에 한 권씩 30년간 책을 내고 있다는 사실만으로
베르베르는 정말 대단하다고 생각해요. 보통은 어느 정도
책을 쓰고 창작 활동을 줄이곤 하잖아요. 베르베르의
생산력은 정말 대단합니다.

*

제가 느끼기에 그의 소설은 크게 〈상대적이고 절대적인
지식의 백과사전〉을 쓰던 때와 내세의 이야기를 하던 시기,
고양이 시기로 삼등분된다고 봐요. 시기별로 변화가 큰 것
같으면서도 미세하죠. 그가 아예 다른 분야를 다루는 걸
보고 싶어요. 크게 바뀌어서 리얼리즘 같은 이야기를 써주길
바라고 있습니다.

정혜윤   프리랜스 마케터이자 작가.

*

처음 읽은 베르베르의 책은 〈개미〉 아니면 〈뇌〉일 거예요.
초등학생 때인 것 같고요. 부모님이 사다놓은 책을 꺼내
읽었어요. 당시에 베스트셀러로 워낙 인기가 많아서 집집마다
베르베르 책 한 권씩은 가지고 있던 시절이거든요.

*

10대에 베르베르의 책을 읽기 시작해 〈신〉까지 거의 10년이
걸렸어요. 책이 두껍고 시리즈가 길지만 지루하긴커녕
만화책을 보는 기분이 들더라고요. 얼마나 재미있던지
페이지를 넘기는 것도 아깝고, 책이 끝나는 것도 아쉬웠죠.
1년을 기다려 새 책을 마주할 땐 앞으로 읽을 페이지가
많아서 좋았고요. 베르베르의 책을 워낙 많이 읽으며
자랐기 때문에 영향을 많이 받았는데요, 특히 영적인
성장에 계속 관심을 갖게 되었어요. 우리는, 나는 어디서
왔는지를 고민했죠.

*

그의 소설집 중에 기억에 남는 설정이 있어요. 지구가
망하고 사람들은 영상만 보면서 살게 되는데, 그 영상엔
우리의 현재 모습이 등장해요. 초소형 비디오카메라처럼
곤충이 세상을 날아다니며 눈에 담았던 내용을 보여주는
거죠. 오래전에 읽어서 기억이 잘 나지 않지만, 그는 늘
'이런 관점으로 생각할 수도 있구나'라는 감동을 안겨줬어요.

*

그의 책엔 심리학에 기반된 내용이 정말 많아요. 제가
부전공으로 심리학을 공부했거든요. 책에서는 사람의 동의를
어떻게 교묘하게 이끌어내는지, 여러 사람의 마음을 어떻게
하나로 모으는지 등을 이야기로 설명해요. 베르베르는
대부분의 이야기를 역사와 과학, 심리적 사실을 바탕으로
써요. 소설을 읽고 나면 단순히 재밌다는 느낌에서 그치지
않고 유익하다는 생각까지 드는 건 그런 이유에서죠.

*

가장 좋아하는 작품을 콕 집어 말할 수 있어요. 〈타나토노트〉,
〈천사들의 제국〉, 〈신〉 시리즈예요. 따로 읽어도
흥미롭지만, 세 작품을 순서대로 다 읽으면 더 재미있어요.
〈타나토노트〉는 죽은 인간의 영혼이 어디로 가는지 다루고,
〈천사들의 제국〉에서는 영혼이 현생에서 한 일을 점수로
내는 설정이 등장해요. 카르마를 베르베르식으로 풀었달까요.
그의 책을 읽은 게 좀 더 나은 삶을 사는 데 도움이 되었어요.
지금도 '남을 해치지 말아야지, 감점될 일은 하지 말아야지,
세상을 낮게 만드는 데 기여해야지' 같은 생각을 하며
살거든요. 베르베르의 소설이 모두 과학적 팩트라고 할 수는
없지만, 읽고 나면 허구라고 느껴지지도 않아요.

*

〈심판〉이란 희곡집에 인상 깊은 장면이 나와요. 죽기 전에
자신이 될 수 있었던 수많은 모습이 자신을 내려다보고
있어요. 내가 될 수도 있던 나의 모습을 바라보는 일은
괴롭겠다고 생각했어요. 영화 〈에브리씽 에브리웨어 올 앳
원스 Everything Everywhere All At Once〉에서처럼요. "나답게
사세요. 용기를 내세요. 후회하지 마세요"라고 말하는
것보다 이런 상황을 주고 독자가 상상하게 하는 게 훨씬
효과적이에요. 그의 책을 읽으면 어떤 인생을 살고 싶은지
생각하게 돼요 .

*

베르베르 작가의 이야기는 영화보다 소설에 어울리는 것
같아요. 예를 들면, 〈해리포터〉 시리즈는 앞단에 심어놓은
내용이 뒤에서 풀어질 때 '떡밥을 회수하며' 느끼는 희열이
있거든요. 베르베르의 소설은 그런 느낌이 아니에요. 그의
상상력에 기반한 기발하고 환상적인 세상이 펼쳐질 뿐이죠.
정해진 시간과 화면 안에서 논리적으로 보여주는 건 어려운
일일 듯해요. 그의 이야기는 소설 안에서 더 풍부하게
누릴 수 있어요.

*

베르베르가 경희대학교 평화의 전당에 강연을 온 적이
있어요. 저도 그 자리에 있었죠. 주제가 '어떻게 살
것인가?'였어요. 그는 강연의 시작에 "우리는 호흡하는 법을
배워야 합니다. 학교에서 숨 쉬는 방법만 가르쳐도 세상의
수많은 문제가 완화될 겁니다"라고 말했어요. 강연이 끝날
때는 청중에게 명상을 시켰어요. 눈을 감은 다음 주변을
느껴보라고요. 손에 쥐고 있는 것, 입은 옷, 들리는 소리,
느껴지는 냄새 등. 그땐 생소한 경험이었는데 지금까지 종종
그때 했던, 현재로 돌아오는 연습을 해요. 요가나 명상을
통해서요. 그렇지 않으면 인간은 과거의 실수나 미래의
불안에 갇혀 현재를 누리기 어렵거든요.

*

베르베르가 〈개미〉에서 정점을 찍고 꾸준히 하락세라고
말하는 사람들은 그의 책을 제대로 안 읽어봤을 거예요.
고양이의 시선으로 세계를 누비다가 우주로 떠났다가
내세에 도착하는 모험을 봐왔다면 그렇게 말할 수 없을 테죠.
다작해줘서 정말 고맙다고, 매번 작품이 정말 좋다고 그에게
꼭 전하고 싶어요.

베르나르 베르베르는 현재와 미래의 세대에도 어필할 수 있는 작가일까? 이를 확인하기 위해 베르나르의 책을 접한 적 없는 젊은 세대 3명이 그의 책 〈기억〉을 읽은 후, 작가와 작품에 대한 대담에 참여했다. 굉장히 유명하고 대중적으로 인기가 높은 작가라 독서할 기회가 적지 않았을 텐데, 그런데도 이들이 그의 책을 접하지 못한 이유는 무엇일까? 이 질문에 대한 대답을 시작으로 베르나르 베르베르와 〈기억〉에 대한 자유로운 이야기를 이어나갔다. 결론부터 이야기하자면, 그는 여전히 그리고 앞으로도 유효한 영향력과 인기를 누리는 작가일 것이다.

대담 도서   〈기억〉(2020)
역사 교사 르네가 퇴행 최면을 통해
전생과 현생을 넘나들며 펼치는 모험을
그린 장편소설. 신작 〈꿀벌의 예언〉과
같은 세계관을 공유하는 작품으로, 작가의
미래 작품을 간접적으로나마 예상해볼
수 있는 작품이라는 판단하에 대담
도서로 선정했다.

*
대담 내용 중 〈기억〉에 대한
스포일러가 있습니다.

First Impression

참여자

이서연(17세)
현재 고등학교 1학년
재학 중. 문과 진학을
희망하는 학생이다. 학업
때문에 독서량이 많지는
않지만, 학생으로서
읽어야 하는 필독 도서나
개인적으로 읽고 싶은
책은 바로바로 읽는다.
부모님보다는 선생님이나
친구들에게 책 추천을
많이 받는 편. 중학교 재학
시절에는 3년 내내 신문부
활동을 하며 도서 추천
기사를 작성하기도 했다.

김한슬(27세)
매거진 〈B〉의 디지털 에디터.
매거진 〈B〉와 〈F〉의 공식
SNS, 뉴스레터, 유튜브
등 디지털 콘텐츠 전반을
기획·제작한다. 취미로 책
수집을 즐기며, 좋은 책을
큐레이션하는 팟캐스트도
운영 중이다. 독서할 때는
주로 작가에 빠져드는
편으로, 한 작가가 좋아지면
그가 어떤 세계관으로
어떤 이야기를 쓰는지
궁금해하며 해당 작가의
책을 집중적으로 읽는다.
좋아하는 작가는 김영하,
정세랑, 장 자크 상페 Jean
Jacques Sempe.

정윤상(22세)
독어독문학과를 전공 중인
대학교 1학년생. 주로
수업과 관련된 책들을 자주
접한다. 최근에도 〈파우스트
Faust〉 등 교수님이 추천한
고전 위주로 독서했다.
스스로 읽고 싶은 책을
고를 때는 추천사를
유심히 보는 편. 인상적인
추천사나 줄거리 요약본을
보고 흥미가 생기는 책을
선택한다. 밴드 동아리에서
보컬리스트로도
활동하는, 문학과 음악을
사랑하는 청년이다.

이서연 　베르나르 베르베르. 솔직히 저는 모르는 작가였습니다. 2019년 〈집사부일체〉라는 방송 프로그램에 출연한 걸 유튜브 클립으로 본 적은 있지만, 그다지 관심은 없었어요.

정윤상 　그가 인기 작가라는 건 알고 있었어요. 도서관이나 서점에 가면 그의 책이 항상 베스트셀러 자리에 있었는데, 매년 책 제목이 다르더라고요. 작품 활동을 굉장히 왕성히 하는구나, 우리나라에서 인기가 정말 많구나 하는 걸 느꼈죠.

김한슬 　그런데 읽어봐야겠다는 생각은 하지 않았나요?

정윤상 　제가 중학생 때 그의 책이 한창 유행했는데, 이 광풍이 끝나면 읽어야겠다는 생각으로 기다리다가 때를 놓쳤어요. 남들이 다 읽는 걸 따라 읽기 싫었던 것 같아요.(웃음)

김한슬 　저는 어릴 때 소설 시리즈를 선물로 주고받는 게 유행인 시절이 있었어요. 그래서 〈개미〉 시리즈를 선물 받았는데, 당시에는 분량이 많아서 선뜻 손이 가지 않아 읽지 못했던 기억입니다. 결국 이번 대담을 위해 읽은 〈기억〉이 제 인생의 첫 베르나르 베르베르 소설인데요. 읽으면서 2022년 개봉작 〈에브리씽 에브리웨어 올 앳 원스〉가 자꾸 떠올랐습니다. 저는 콘텐츠를 접하면 이전에 본 콘텐츠와 비교하는 편인데, 주인공 르네가 본인의 전생인 존재들과 접속해 그 능력을 끌어와 현생에서 활용하는 설정이 상당히 유사하다고 느꼈습니다. 〈기억〉을 영화화하면 이런 식으로 구현할 수 있겠구나 생각했죠.

정윤상   맞아요. 그런데 아무래도 그 영화를 먼저 본 후 〈기억〉을 읽으니 기시감이 들고, 상상력도 제한되는 느낌이었어요. 영화 자체가 굉장히 잘 만든 작품이기도 했으니까요. 하지만 이건 소설 자체로서의 아쉬움이라기보다 비슷한 다른 콘텐츠를 먼저 봤기 때문에 생겨날 수밖에 없는 부분일 뿐이죠. 구성적 측면에서 보면, 사실 과거와 현재를 오가거나 전생을 다루는 소설 중에는 종종 논리적 오류가 있거나 개연성이 약한 경우가 있다고 생각해요. 그래서 〈기억〉을 읽으면서도 그런 작품일까 봐 걱정하기도 했는데, 기우였던 것 같습니다. 굉장히 잘 설계한 소설이라는 생각이 들었어요.

이서연   저도 동의해요. 또 독자들에게 많은 생각을 할 수 있게 만드는 작품이라고 생각해요. 저 역시 지금 살고 있는 내가 진짜 나인지, 이런 상상에 빠져볼 수 있는 기회가 되었거든요. 저는 전생은 없다, 한 번 사는 이번 인생에서 잘 살자 이런 모토를 갖고 있었는데, 이에 반하는 내용이어서 오히려 더 재미있게 읽을 수 있었던 것 같아요. 그리고 또 전생과 교류해서 현재를 바꿀 수 있다는 상상이 터무니 없을 수도 있지만, 상당히 흥미로운 세계에 빠진 것 같은 좋은 경험을 하게 해준 소설이에요. 혹시 이 책의 또 다른 매력도 있을까요?

김한슬   친절하다는 점도 큰 매력이라고 생각합니다. 책 속에 신화적 모티프가 정말 많잖아요. 그래서 작가가 알고 있는 방대한 지식을 자랑하는 느낌이랄까. 초반에는 이렇게 느껴지기도 했는데, '므네모스'라는 책 중간중간의 별도 페이지로 이러한 지식이나 정보를 설명해줘서 독자들이 쉽게 이해할 수 있도록 해주더라고요. 저는 아주 좋다고 생각했습니다.

정윤상 상상력을 자극한다는 게 이 책의 가장
큰 장점 같아요. 실제 현실과 현실에서는
불가능한 상상 속 요소들을 교묘하게
섞어놓아서, 이 정도면 훗날 현실에서도
가능하지 않을까 하는 생각을 하게 만드는
책이에요. 이런 설정과 구성을 통해 독자로
하여금 삶에 흥미를 갖게 해주는 것
같기도 하고요.

이서연 저도 상상력이라고 생각합니다. 책을 읽은
후에도 계속 상상하게 만드는 것이 가장
큰 매력인 것 같아요. '나에게도 전생이
있다면 어떤 삶을 살았을까' 이런 생각도 하게
되더라고요. 반대로 아쉬운 점도 있었어요.
전반적으로 속도감이 너무 빠르다는
생각이 종종 들었습니다. 그런데 한슬 님이
말씀하신 것처럼 므네모스 페이지가 중간중간
배치되어 있어서 그 속도감 있는 흐름이
끊기는 느낌도 들었어요. 빠르게 전개되다가
정지되고, 또다시 달려나가다 멈추는
느낌이라 조금 아쉬웠습니다.

김한슬 저와는 반대로 느끼셨네요. 보통 이런
정보들은 각주로 들어가기 마련인데,
〈기억〉에서는 아예 별도 페이지로 들어가
있어서 오히려 시선이 분산되지 않는
느낌이었습니다. 그래서 집중력이 잘
유지되는 것 같았어요.

정윤상 저는 서연 님과 비슷한 의견입니다.
제가 굉장히 몰입하고 상상하면서 책을 읽는
편인데, 그 페이지가 이런 흐름을 깨는 것처럼
느껴졌어요. 그래서 저는 메인 스토리만
먼저 다 읽은 후 다시 돌아와서 므네모스
페이지만 따로 봤어요. 이렇게 읽으니까
굉장히 흥미롭더라고요. 요즘 SNS나 블로그와
같은 느낌도 들었어요. 페이지 자체의 매력은
상당한 것 같습니다.

김한슬　　　개인적으로 아쉬운 부분이 또 있어요.
오팔이라는 여성 캐릭터가 주인공만큼
중요한, 거의 대등한 위치의 인물이라고
생각하는데 기대보다 덜 주체적으로 그렸다고
느꼈습니다. 물론 소설 속에서 주인공과
그의 조력자의 포지션이 분명하게 나뉘는
것은 당연하겠지만, 초·중반에 비해 후반부로
치달을수록 주인공 르네를 도와주기만 하거나
심리적 안정감을 주는 역할로만 한정된 것
같아 많이 아쉬웠어요.

이서연　　　네, 또 주인공 전생의 인물이 많이 나오는데
거의 다 남성이잖아요. 이 지점도 조금
아쉬웠습니다. 여성으로 살았던 전생이
더 존재하는 설정이었으면 한층 다양하고
재미있었을 거라고 생각해요. 그리고 두 분은
결말에 대해 어떻게 생각하나요?

김한슬　　　음, 사실 저는 뭔가 그냥 툭 끊긴
느낌이었어요. 그리고 마지막 장면에서
나온 게브와 루트가 마시는 물약이 아마
죽음을 위한 선택일 텐데, 어떻게든 생명을
이어온 인물들을 로맨스 서사를 위해
감성적으로 자살하게 만드는 것이 아닌가
하는 생각도 들었고요.

정윤상　　　저도 비슷한 느낌을 받은 것 같은데, 이렇게
좋은 소재가 있으면 끝을 좀 더 확실하게
맺을 수 있지 않았을까 하는 생각을 했습니다.
하지만 한슬 님이 말씀하신 부분은 오히려
괜찮았다고 생각해요. 과거를 돌아보는 시점이
실제로 현실 속의 현재잖아요. 과거의 사건을
바꿈으로써 현재도 달라지게 된다면 거인들이
죽지 않은 과거 때문에 현재가 바뀌어 있어야
하는데, 그렇게 할 수는 없죠. 그들이 죽지
않으면 논리적 오류가 생기는 거예요. 그러니까
거인들이 죽음으로써 문명이 탄생하는 거시적인
역사의 틀이 유지되는 작품 속 마무리가 최선의
결말이지 않았나 싶기도 합니다. 그래서 결말을
곱씹게 되기도 하고요. 또 자꾸 생각하게 되는
게 "전생의 내가 원하는 모습으로 태어난 게
현재의 나"라는 대사가 있는데, 이 책대로라면
전생에 나는 어떤 삶을 살았길래 이런 삶을
택했을까라는 생각이 들었고,(웃음) 지금처럼
산다면 그럼 다음 생에는 어떤 존재로 태어날까
하는 생각도 해봤습니다.

김한슬   저는 록스타로 태어나보고 싶습니다.(웃음)
무대 위에서의 짜릿함을 느껴보고 싶어요.
사실 저는 죽음을 굉장히 두려워하는
편인데요, 특이하게도 잠들기 직전에 갑자기
죽으면 어떡하지 하는 생각에 사로잡히기도
하고, 불안함에 갑자기 잠에서 깬 적도
많아요. 그래서 저는 잠과 같이 의식을 끄는
행위를 할 때 왜 죽음의 두려움에 빠지는지가
늘 궁금했고, 개인적으로 해결해야 하는
숙제였어요. 그런데 그리스 신화 속에서
죽음의 타나토스와 잠의 히프노스가 사실
형제 관계라는 이야기가 나오는 것을 본
후, 제가 잠을 죽음과 비슷한 선상으로
생각하고 무의식적으로 죽음을 떠올리는
게 마냥 잘못된 것은 아니구나 하는
안도감이 들었습니다. 죽음을 외롭고 무서운
일이라고만 생각했는데, 내가 지금 바라는
모습이 후생의 모습이 될 수 있다는 재미
있는 상상 덕분에 죽음을 좀 덜 두려워하게
된 것 같아요.

이서연   저도 내 전생은 과연 무엇이었을까에 대해
많이 생각해본 것 같아요. 여기에 더해
내가 이렇게 태어난 이유는 무엇일까,
왜 태어나게 되었을까 하는 존재의 이유에
대한 생각도 하게 해준 책이었어요. 이런
책을 쓴 작가가 새삼 대단하다고 느껴졌고요.
그의 상상력은 정말 굉장한 것 같습니다.
특정 장면에서 반짝하는 상상력이 아닌 신화,
역사 등을 활용해 전체적인 그림을 그려낸
그 상상력 자체를 느껴보면서 따라갈 작가가
없겠다 싶었어요. 작은 최면 공연장에서
시작한 그 소설이 이렇게 큰 스케일로 흘러갈
거라고는 전혀 생각하지 못했죠.

김한슬 저도 그렇게 생각해요. 개인적으로 신화나
전설을 정말 좋아하는데, 이러한 소재를
탄탄하고 참신한 스토리의 소설로 승화시킨
작가를 보면서 질투 비슷한 감정까지
느꼈습니다. 이 작가는 죽어도 여한이 없겠다
싶기도 했고요.(웃음) 그리고 이러한 신화적
설정에 영웅 모티프가 명확히 드러나는 것을
보면서 대서사시 장르로 느껴졌습니다.

정윤상 말씀을 들어보니 명작 〈스페이스 오디세이〉가
생각나기도 하네요. 저는 〈기억〉을 넓은
의미의 SF 소설에 포함시켜도 된다고
생각합니다. 과거의 SF 소설은 대부분
과학기술에 대한 설명에 충실하는 경향이
컸는데, 최근에는 한국 작가의 작품을
보더라도 기술에 대한 설명보다 독특한
세계관 구축에 중점을 두는 것을 알 수
있어요. 이런 경향으로 미루어 보면, 〈기억〉은
2020년 작품임에도 트렌드에 맞는 SF
소설이지 않나 싶어요.

이서연 그렇죠. 그런데 저는 단순히 SF 소설 장르에
국한되지 않고, 여러 장르의 총합이라고 볼 수
있을 것 같아요. SF 범주에만 가둬놓기에는
판타지, 역사물 등 각기 다른 장르적 특징이
조화를 이루고 있으니까요. 그래서 저는
작가의 작품을 단순히 SF 관점으로 읽거나
평가하면 안 된다고 생각해요.

정윤상 네, 저도 작가에 대한 자료를 찾아보다가
작가의 작품에 과학적 엄밀성이 부족하다는
등의 논란이 있다는 것을 알게 되었어요.
그래서 과학적인 내용과 지식이 조금
부족하다고 해서 이 책을 과연 SF 관점에서
비판할 수 있는가에 대해 생각해보았는데요,
독자들이 개인적 차원에서 아쉬워할 수는
있어도 작품 자체를 비판하는 것은 조금
잘못된 의견이지 않나 싶습니다. 저는 세상
모든 책은 다 그 나름의 가치가 있다고
생각하거든요.

김한슬   동의합니다. 저는 〈기억〉의 장르가 베르나르 베르베르라고 생각해요. 작가 자체가 장르화되었다고 보는 거죠. 그래서 SF 관점, 특히 장르 문학으로서의 SF 시각으로 접근하면 안 된다고 생각하는 것이고요. 개인적으로는 SF든 아니든 작가의 다른 작품도 읽어보고 싶습니다. 특히 〈나무〉가 가장 궁금해요. 제가 단편소설을 좋아하는 편인데, 〈기억〉을 비롯해 수많은 장편소설을 짜임새 있게 끌고 간 작가가 단편은 어떤 식으로 풀어냈는지 호기심이 생깁니다. 두 분은 어떤 작품을 읽어 보고 싶나요?

정윤상   〈개미〉요. 가장 잘 쓴 대표작이라고 들어서 읽어보고 싶습니다. 30년 전 작품이지만, 식상할 거라고 생각하지는 않아요. 설사 식상하더라도 '당시 작가는 왜 이런 상상을 하게 되었을까?'를 생각해보면서 읽으면 재미있을 거라고 생각해요.

김한슬   그리고 작가의 책에는 분명한 메시지가 꼭 하나씩 숨어 있다고 들었어요. 그렇기 때문에 내가 어떤 상황과 시기에 있는지에 따라 타이밍이 잘 맞으면 크게 공감하면서 읽게 될 것 같아요. 제 경우에는 앞서 말씀드렸듯, 죽음과 잠에 대한 고민과 〈기억〉이 주는 메시지가 맞물려 있어서 집중이 더 잘되었거든요.

이서연   저는 신작 〈꿀벌의 예언〉이 궁금합니다. 이번에 읽은 〈기억〉과 이어지는 내용이라고 해서 더 궁금해졌어요. 주변 친구들에게 추천하고 싶기도 하고요. 일반적으로 "뇌가 말랑말랑할 때 최대한 상상력을 발휘해야 한다"라고 하잖아요. 그래서 제 또래나 좀 더 어린 친구들에게 상상력을 키워보라는 취지에서 추천하고 싶어요. 그리고 이 책을 읽는 동안만큼은 현실이 아닌 다른 세계에 와 있는 듯한 느낌을 받을 수 있는데, 공부가 힘든 상황이라면 긍정적 현실도피로 힘을 얻었으면 하는 마음에서도 권하고 싶습니다.

김한슬   그런데 오히려 후생을 믿고 공부를 포기하는
친구가 생기지 않을까요?(웃음)

이서연   그렇게 해석할 수도 있겠지만, 그것 역시
책을 읽고 상상력을 키운 후에 할 수 있는
선택이기 때문에 어쨌든 좋은 영향을
줄 수 있을 것 같아요. 그리고 사실 연령대와
관계없이 누구에게나 추천하고 싶기도 해요.
어른들에게도요. 이 퀄리티 높은 세계에
빠져드는 느낌은 남녀노소 누구라도 좋아할
거라고 생각합니다.

김한슬   저도 비슷한 의견인데요, 20대 후반인 제
연령대보다는 초등학교 고학년부터 10대
후반 독자에게 추천하고 싶어요. 서연 님이
말한 '상상력 훈련' 측면 때문이죠. 사실
요즘은 영상 콘텐츠가 범람하는 시대라
내가 머릿속에서 상상하고 그려보기도 전에
그려져 있는 것을 보게 되고, 이 때문에
상상력의 범위가 한정되는 경우가 많은 것
같아요. 비슷한 소재라 하더라도 상대적으로
덜 자극적이고 나만의 상상을 마음껏 펼칠
수 있는 책이 더 효과적일 수 있다고 봅니다.
특히 아직도 뇌가 성장하고 있는 어린
세대라면 더욱 그렇겠죠.

정윤상   〈기억〉이 다양한 장르가 엿보이는 작품인
만큼 누가 읽어도 좋은 책이라고 봅니다. SF는
물론 대체 역사적인 느낌도 있고, 로맨스적인
특성도 있어서 책을 좋아하는 사람이라면
누구에게 추천해도 각자 본인의 취향에 맞게
읽어나가지 않을까 생각해요. 역사, 신화,
사랑 등 독자별로 가장 마음에 드는 서사를
따라가면서 읽으면 되는 거죠. 이런 측면에서
범용성이 아주 좋은 소설이라고 표현할 수
있을 것 같아요. 그리고 이러한 특성과는
반대로 책 속에 나온 과거 부분만 부각하는
소설도 재미있을 것 같다고 생각했습니다.
일종의 스핀오프일 수도 있겠네요.

이서연　저는 작가가 조금 더 현실 속 이야기를
써주면 어떨까 싶어요. 인간관계나
사회생활에서 벌어지는 일들처럼 우리가 쉽게
느낄 수 있는 상황이 있잖아요. 상상력으로
세상에 없는 것을 이야기하는 것도
재미있지만, 작가라면 우리 주변의 평범한
일로도 흥미로운 스토리를 풀어낼 수 있지
않을까 합니다.

　　　　김한슬　저는 작가가 본격적인 러브 스토리를 한번
써주면 좋을 것 같아요. 혹자는 〈기억〉을
로맨스 소설이라고 말하기도 하는데,
제 기준에선 연애물이 아닙니다. 좀 더 진한
사랑 이야기면 좋겠어요.(웃음) 그리고
작가가 공포물을 쓴다면 어떨지도 매우
궁금합니다. 꼭 읽을 거예요. 이런 작품들을
읽고 나면 작가에 대한 제 평가가 달라질지도
모르겠습니다. 이번에 〈기억〉을 읽기 전에
제가 간접적으로 알던 작가는 누구나 흔히
말하는 막연한 '상상력의 대가'일 뿐이었는데,
이제는 실체가 생긴 느낌이거든요. 뻔하지만
가장 적절한 수식어라는 것을 직접
느끼게 되었죠.

정윤상　솔직히 저도 의심이 있었어요. 매년 장편을
발표할 정도로 다작하는 작가인데, 그렇다면
작품의 퀄리티가 떨어지지 않을까 우려했던
게 사실입니다. 그런데 막상 읽어보니
제 걱정이 부끄러울 만큼 재미있었어요. 다른
작품들도 마찬가지겠죠. 인기가 있는 데에는
다 이유가 있구나 생각했습니다.

이서연　〈기억〉을 읽는 저를 보면서 많은 친구가
정말 좋은 작가라고, 재미있게 읽을 수
있을 거라고 말해주었어요. 완독을 해보니
친구들의 말이 맞다는 생각이 들었습니다.
정말 대단한 작가인 것 같아요. 듣기만 하던
작가에 대한 긍정적 평가들을 소설 한 편으로
수긍하게 만들었으니까요.

Influences

베르나르 베르베르는 자신의 다양한 삶의 경험과 현실 속 사건들을 쉬이 지나치지 않고 이를 자신의 작품 세계로 끌어오는 탁월함을 발휘하는 작가다. 그가 살아온 삶과 작품에 크고 작은 영향을 미친 영감의 대상들을 모아 정리했다.

미
셸
비
달

페르마 중학교에 다니던
시절 만난 친구로,
베르베르에게 전자장치
조립, 나무 모형 비행기
만드는 법을 알려주고,
사라진 아틀란티스 대륙에
관한 이야기도 들려줬다.
〈기억〉 등의 소설에 당시
아틀란티스를 향한 관심이
반영되었고, 그가 해주는
신기한 이야기들을 두꺼운
노트에 적곤 했는데, 이것이
〈상대적이며 절대적인
지식의 백과사전〉의 시작이
되었다.

자
크
파
도
바
니

1974년 프랑스 남동부 도시
예르에서 여름 캠프에
참여했을 때 만난 소년으로,
베르베르에게 라자
요가(심신을 훈련함으로써
해탈을 얻는 요가 방법)를
를 알려주었다. 베르베르는
이 과정에서 깊은 명상과
심장박동을 느리게 하는
법, 심지어 유체이탈까지
경험했다. 여름 캠프
이후 그를 다시 만나지는
못했지만, 그의 가르침은
〈타나토노트〉를 집필하는
바탕이 되었다.

타
자
수
업

베르베르는 고등학교 시절
타자 수업을 수강했다.
덕분에 생각의 속도로 글을
쓸 수 있게 되었다.

다
비
드

열여섯 살 때 비 내리는
산속 대피소에서 친구
다비드가 해준 '노란
테니스공' 이야기는 듣는
내내 궁금증을 유발했으며,
마지막 순간에도 결말을
들려주지 않고 좌절시키는
이야기였다. 이를 통해
베르베르는 추위를 잊게
할 정도로 집중하게
만드는 '서스펜스 장치'의
위력을 알게 되었고, 집에
돌아가자마자 이 기법을
이용해 〈지하실〉이라는
단편을 단숨에 썼다.

소
년
들
과
의

대
치

1978년 고등학생 시절,
툴루즈 인근의 한 여름
캠프에서 보조교사로 일할
때 베르베르는 친구를
괴롭히는 소년들과 갈등을
겪었고, 그들은 베르베르를
죽이겠다고 협박하며 밤에
무기까지 들고 찾아온
적이 있다. 이 일촉즉발의
대치 상황에 대한 경험은
소설에서 긴장감 넘치는
장면을 묘사할 때 꽤 도움을
주었다.

프
레
데
리
크

다
르

17세 베르베르는 작가
프레데리크 다르 Frédéric
Dard의 인터뷰에서
"소설가가 되는 비결은
하루도 빠짐없이 매일 아침
같은 시간에 글을 쓰는
것"이라는 코멘트를 봤다.
이후 법대에 진학한 그는
오후 수업을 가기 전 이를
그대로 실천해 아침 8시부터
12시 30분까지 글을 쓰기
시작했다.

176

꿀벌의 난입

대학생 시절 친구와 함께 떠난 미국 여행에서 카풀을 경험했는데, 운전석으로 갑자기 날아든 꿀벌 때문에 흥분한 운전자를 진정시키느라 꽤나 애를 먹은 적이 있다. 이 경험은 〈꿀벌의 예언〉 도입부, 투구 안으로 꿀벌이 날아들어와 어쩔 줄 모르는 용맹한 기사를 보여주는 장면을 쓰는 데 도움이 되었다.

은퇴자 순찰대

역시 미국 여행 중에 경험한 일이다. LA의 사촌 누나 집에 머물 때 열쇠를 잃어버려 어쩔 수 없이 창문을 넘어 집 안으로 들어가려고 했는데, 갑자기 소총과 권총으로 무장한 노인 5명이 베르베르와 그의 친구를 범죄자로 착각해 제지했다. 베르베르는 국가가 다르면 풍속도 다르다는 사실을 깨달았고, 당시 집필 후 내용을 수정하는 중이던 〈개미〉에 주인공이 여행을 통해 세계관의 변화를 겪는 내용을 추가했다.

개미 도시 관찰

법대 자퇴 후 프랑스로 상경해 지내던 작은 방 욕조에 2000마리가량의 개미가 사는 개미집을 들여놓고 관찰했다. 그는 자신이 전지전능한 존재가 된 것처럼 느꼈고, 이는 '신' 3부작을 쓰는 데 영감을 주었다.

프
랑
시
스

프
리
드
만

스무 살 때 만난 프리드만은
인공지능을 전공하는
대학생으로, 컴퓨터로
자신의 정신을 복제해
불멸의 존재가 되고 싶다고
했다. 베르베르는 그의 말에
영감을 받아 유명 작가의
정신을 복제해 작가가
죽은 후에도 계속 작품을
출간하려는 〈기억〉 속
편집자 캐릭터를 만들었다.

필
립 K.
딕

베르베르에게 '독자들에게
놀라움을 선사하기 위해
글을 써야 한다는 확신'을
품게 해준 작가. 베르베르는
특히 그가 밝힌 글쓰기 방법,
빠르게 쓴 단편 중 독창적
아이디어를 골라 발전시켜
중편과 장편을 쓰는 방식에
관심을 가졌다. 곧 하루
4시간 30분 글쓰기 시간
외에 놀라운 결말의 단편을
쓰는 한 시간을 추가했고,
자신이 쓴 수많은 단편
가운데 엄선해서 단편집
〈나무〉와 〈파라다이스〉를
출간했다.

앙
젤
리
나

인턴 기자 시절 만난 소인
여성. 전국을 돌며 공연을
펼치는 배우였다. 그녀는
〈걸리버 여행기〉에 영감을
준 '릴리퍼트 Lilliput인'의
후손이라고 주장했다.
생태계에 미치는 영향을
줄이기 위해 몸이 작아진
인간을 다룬 〈제3인류〉의
마지막 권 '초소형 인간'에
대한 영감은 그에게서
온 게 아닐까 베르베르는
생각한다.

렌
  실
    베
      르

파리의 소규모 잡지
편집장으로, 베르베르는
그녀를 '라이프 코치'
같은 사람이라고 표현한다.
그녀는 베르베르가
쓰고 있던 〈개미〉를
읽어본 후 '될성부른'
원고라며 절대 포기하지
말라고 말한 바 있다.
또 〈타나토노트〉의 실패로
고민 중인 베르베르에게
'개미' 3부작을 완성하는
데 집중하라고
조언하기도 했다.

클
  로
    드
      ,
        클
          로
            츠

베스트셀러 작가인 그의
생활을 보고 인터뷰하며,
베르베르는 이상적인 삶의
방식을 찾았다고 생각했다.
바로 '오전 글쓰기와
오후 영화 관람 그리고
고양이와의 동거'였다.
스물두 살 베르베르는
이 목표에 근접하기 위해
최선을 다하기로 했다.

죽
  음
    에
      관
        한
특
집
기
사

〈르 누벨 옵세르바퇴르〉
재직 중 "죽음이라는 미지의
세계. 두려움도 편견도
없이 탐험해야 할 새로운
프런티어"라는 제목의
특집 기사를 썼는데, 한
상사의 독단적 결정으로
인쇄 직전 작은 기사로
분량이 축소되었다. 하지만
당시 수집한 정보는 7년
뒤 〈타나토노트〉를 쓰는
기반이 되었다.

스
티
븐
　킹

스물아홉 살에 처음
작품으로 접한 스티븐 킹은
그에게 공포를 활용하는
법과 서스펜스가 작동하는
방식을 알게 해준 글쓰기
스승이었다. 베르베르는
서스펜스에 공포감을 더해
당시 새롭게 수정한 버전의
〈개미〉를 집필했다.

제
라
르
　암
　잘
　라
　그

첫 번째 부인 카트린의
오빠인 그는 생물학자로,
찰스 다윈의 '자연 선택설'이
아닌 라마르크의 '생물
변이설'을 주창했다. 특정
환경에 적응하기 위해
변화한 형질이 다음 세대로
유전된다는 것이다. 훗날
베르베르는 '신' 3부작을
통해 이 라마르크 학파의
철학을 설파한 바 있다.

최
면

작가인 베르베르에게 최면에
대한 경험은 큰 도움이
되었다. 특히 독자들의
상상력을 자극하는 장면을
통해 서스펜스를 극대화하는
데 효과가 있었다.

할
아
버
지
의
　죽
　음

베르베르가 〈타나토노트〉를
쓰게 된 계기 중 하나는
할아버지인 이지도르
베르베르의 임종 과정에서
겪은 일이었다. 이지도르는
"편히 죽게 내버려달라"라고
했지만, 병원은 그의 간청을
들어주지 않았다. 당시
베르베르는 그 과정을
지켜보며 죽음에 대해 좀 더
알아야겠다고 생각했다.

모
니
크
　파
　랑
바
캉

서른다섯 살에 만나 우정을
쌓은 영매로, 그녀는
베르베르의 여러 전생에
대한 이야기를 들려주었다.
특히 베르베르가 우주선을
타고 지구를 정복하러 온
외계인이었다는 그녀의
말을 떠올리며 '우주를
나는 노아의 방주'를
떠올리게 하는 이야기를
만들었는데, 이 작품이
바로 〈파피용〉이다.
또 베르베르는 그녀에게
영감을 받아 〈죽음〉의
주인공 뤼시를 만들었다.
영매인 뤼시는 자신을
살해한 범인을 찾기 위해
유명 작가와 손을 잡는
인물이다. 베르베르는
그녀를 "영성에 눈뜨게 해준
존재"로 표현한 바 있다.

베
로
니
크
　라
　무
　뢰

1998년 6월 도서 박람회
사인회에서 만난 그녀는
베르베르의 두 번째
연인이다. 영성에 치우친
글을 쓰는 작가이던 그녀는
베르베르가 〈천사들의
제국〉을 쓰는 동안 뮤즈가
되어주었다.

멜
리
사

두 번째 연인 라무뢰의
반려묘로, 대식가에
수컷들과의 애정 행각에도
늘 대범했다. 멜리사는
'고양이' 3부작의 주인공
바스테트의 캐릭터를
만드는 데 많은 도움을
주었다. 그리고 멜리사가
낳은 새끼 중 베르베르가
키우게 된 안젤로 역시 소설
속 치즈 고양이 안젤로의
실제 모델이 되었다.

아소르스 제도

서른여덟 살 때 베르베르는 〈타나토노트〉 출간 후 친구와 함께 북대서양의 포르투갈령 아소르스 제도로 여행을 떠났다. 전형적인 열대 섬의 모습과는 사뭇 다른 피코섬의 풍경은 베르베르에게 영감을 주었고, 훗날 그 섬의 풍경을 떠올리며 '제3인류' 3부작에 등장하는 초소형 인간들의 거주지를 구상했다. 또 그곳에서 흰고래를 만나는 체험을 했는데, 이는 〈잠〉에서 돌고래와 조우하는 장면을 쓰는 데 큰 도움이 되었다.

노숙인들과의 만남

베르베르는 작가와 거리의 삶을 사는 사람들의 만남을 주선하는 어느 단체를 통해 노숙인들을 만나 강연을 한 적이 있다. 당시 베르베르에게 "부르주아"라고 소리치며 분노를 표출하던 그들과의 만남에서 영감을 받아 자폐증을 잃는 천재 소녀가 쓰레기 하치장에서 노숙인들을 만나 일어나는 사건을 다룬 〈카산드라의 거울〉을 쓰게 된다.

체스

베르베르는 어려서부터 체스를 비롯한 전략 게임을 무척 좋아했다. 단편집 〈나무〉의 표제작인 '가능성의 나무'는 그가 과학 전문 기자로 활동하던 시절, 체스 게임에 적용되는 인공지능 프로그램에 대한 기사를 쓰면서 알게 된 내용을 기반으로 집필한 작품이다.

문
명

베르베르가 기자 시절 푹
빠진 게임은 시드 마이어가
개발한 PC용 전략 게임
〈문명〉이었다. 기원전부터
미래까지 타이틀 그대로
문명을 발전시켜나가는
이 게임은 그에게 시간과
공간에 대한 거시적 관점을
갖게 해주었다. 게임에
몰두하던 그는 〈나무〉에
실린 단편 '어린 신들의
학교'의 아이디어를
발전시켜보고 싶어졌고,
〈타나토노트〉와 〈천사들의
제국〉을 잇는 장편소설 '신'
3부작을 쓰기로 마음먹었다.

관
상
동
맥

협
착

마흔여덟 살 때 베르베르는
심장에 혈액을 공급하는
혈관이 막히는 관상동맥
협착 진단을 받았다. 뜻밖의
비보를 접한 그는 수술 대신
자전거와 러닝 등 운동량을
늘려 건강관리를 시작했고,
이때부터 삶을 대하는
태도에도 변화가 찾아왔다.
매일 아침 눈을 뜨면 살아
있음에 감사하고, 매일을
선물이라고 생각하며
삶에 임하게 되었다. 또
당장이라도 죽을 수 있다는
생각에 일종의 유작을
써야겠다 마음먹었고,
인류의 미래에 대한 큰
그림을 그려보고 싶은
욕심에 〈제3인류〉를 쓰기
시작했다.

불
면
증

베르베르가 쉰네 살 때,
두 번째 부인 이자벨과의
사이에서 둘째 아들
뱅자맹이 태어났다. 밤새
자주 깨는 뱅자맹 때문에
불면증에 시달리던
베르베르는 2015년 수면을
소재로 하는 소설 〈잠〉을
집필하기 시작했다.

고
양
이

베르베르는 〈잠〉 이후
차기작에서 오랜
관심사이던 수명 연장을
다뤄보기로 했다. '천 살
인간'을 가제로 초고를
완성했는데 서사 구조가
〈잠〉과 너무 유사했고,
새로운 소재와 방식을 찾다
고양이가 일인칭 화자가
되어 인간 문명을 관찰하는
'고양이' 3부작을 집필하게
되었다. 당시 베르베르의
반려묘 중 하나이던
이기적이고 식탐 많은
도미노는 여주인공 캐릭터를
만드는 데 많은 영감을
주었다.

피
타
고
라
스

'고양이' 3부작 속 똑똑한
수컷 고양이 캐릭터의
이름을 고심하던
베르베르는 식상할 수
있는 '소크라테스'보다
적합하다고 생각한
'피타고라스'라는 이름을
붙였다. 피타고라스에게
관심을 가져보라는 제라르
암잘라그의 말을 떠올린 후
그에 대한 자료를 조사해본
베르베르는 드러나지
않은 그의 수많은 업적을
확인하며 '일생일대의
발견'이라고 생각했다.

내
일
은
　개

베르베르가 '고양이'
3부작의 제목으로 애초에
생각한 것은 '우리는
고양이'였으나 동명의
작품이 존재해 포기했다.
결국 클리퍼드 D. 시먹
Clifford D. Simak의 걸작
SF 단편집 〈내일은 개〉에
경의를 표하는 차원에서
〈내일은 고양이〉(〈고양이〉의
프랑스어판 원제)로
결정했다.

퇴
행
　최
　면

베르베르는 직접 경험해본
퇴행 최면 경험에서
아이디어를 얻어 주인공이
최면을 통해 자신의 전생을
체험하며 벌어지는 사건을
다룬 〈기억〉을 집필했다.

184

사소하지만 궁금한 베르나르 베르베르에
관련된 사실들.

꽃 알레르기가 있다.

사진 촬영을 즐긴다.
그는 인터뷰 때 사진 촬영을 어렵게 생각하지 않는다. 베르베르
가 좋아하는 질문은 작가에 초점을 맞춘 호기심과 차기작에 관
한 내용. 미리 질문지를 받아 대화를 나누기보다 현장에서 질문
을 듣고 대답하기를 좋아한다. 이 외에도 행사 때 독자를 만나
같이 사진을 찍는 일도 즐겁게 여긴다.

마이크 올드필드의 앨범
'Music of the Spheres'를 가장 좋아한다.
베르베르는 항상 음악을 틀어놓고 글을 쓴다. 음악 속에는 감정
과 리듬이 있기 때문이다. 그는 음악을 들으면서 글 쓰는 리듬
을 음악에 맞춰나간다. 그러다 보면 쓰고 있는 이야기에 맞는 감
정이 샘솟는 순간이 있다. 그중에서도 마이크 올드필드 Mike
Oldfield의 앨범 '뮤직 오브 더 스피어스'를 가장 좋아한다. 자신
의 행성을 상징하는 음악처럼 느낀다고.

만화 그리는 일에 재능이 있다.
학창 시절 한 선생님은 베르베르가 만화가가 될 것이라고 말하
기도 했다. 부모에게 특별한 재능을 집중적으로 발전시키라고
조언하기도 했다고.

Minor Facts

비공식 첫 소설의 제목은 〈벼룩의 추억〉이다.

"나는 수벼룩 아빠와 암벼룩 엄마 사이에서 태어난 벼룩이다." 베르베르가 처음으로 작가적 기질을 보인 문장. 이 문장으로 시작하는 그의 첫 소설은 1968년 만 8세에 쓴 〈벼룩의 추억〉이다. 이 작품은 그가 발단과 전개, 결말의 구조를 염두에 두고 그럴듯하게 쓴 최초의 픽션이다. 이 책 이후 베르베르는 사자의 관점에서 바라본 사파리 이야기, 연인들이 나무껍질에 하트 모양을 새길 때마다 아파서 괴로워하는 나무의 시점에서 쓴 이야기 등 인간이라는 존재를 벼룩이나 사자, 나무, 살아 있는 성과 같은 비인간의 관점에서 바라보기 시작했다.

여러 종류의 반려동물과 함께 자랐다.

물고기부터 시작해 거북, 햄스터, 기니피그로 점차 종류를 넓혀 갔다. 그들의 눈높이에서 바라보는 세상은 어떤 모습인지, 그들은 무엇을 느끼고 무슨 생각을 하는지 궁금해했다. 그중에서도 가장 흥미를 갖고 관찰한 것은 개미다. 개미는 유일하게 도시를 세우고 길을 닦는 동물인 데다 다가가도 달아나지 않았기 때문. 베르베르는 여덟 살에 개미를 주제로 한 그림책을 만들었다. 유리병에 갇힌 주인공 개미들이 탈출을 시도하는 이야기가 담겼다. 지금은 반려견 레이아 Leia와 함께 지내고 있다.

고등학생 때 신문을 만들었다.

고등학교 시절 열다섯 살의 베르베르는 학교신문을 만들어보고 싶어 교장선생님께 면담을 요청했다. 교장선생님은 마침 사놓고 쓰지 않는 오프셋인쇄기가 있다며 사용법을 배워 써보라고 했다. 그렇게 학교신문 〈유포리〉가 탄생했다. 그와 친구들은 신문에서 새로운 형식의 만화를 실험해보기로 했다. '음악과 향기가 어우러진 만화'로 독자에게 만화와 어울리는 음악을 추천했으며, 만화에서는 향기가 났다. 이야기마다 어울리는 향수를 개발해 독자가 향기를 맡으면서 만화를 읽을 수 있게 한 것이다. 조향 수업 비용도 교장선생님이 대주었다. 베르베르는 초콜릿 향과 비 향을 개발했다. 종이를 작은 막대기 모양으로 잘라 향을 묻힌 다음 셀로판지 봉투에 넣어 신문 사이에 끼우고 스카치테이프로 붙였다. 오젠 고등학교와 생세르냉 고등학교를 합쳐 3000부를 배포했다.

장면의 시각화가 필요할 때 헤드폰을 쓰고 작업을 한다.
이성적으로 설명할 수 없는 상태를 주제로 글을 쓸 때 음악이 도
움을 준다. 헤드폰을 쓰고 음악을 들으면 다른 세계에 몰입할 수
있다.

처음 산 노트북은 도시바 T1000이다.
1989년 시사 주간지 〈르 누벨 옵세르바퇴르〉에 노트북을 들고
출근했을 때 타자기에 익숙하던 편집부 사람들은 그를 불경죄
를 지은 사람처럼 취급했다. 빅토르 위고 Victor Hugo가 살아 있
다면 시대에 맞는 기계를 사용해 〈세기의 전설(La Légende des
Siècles)〉도 워드로 썼을 거라고 맞받아쳤지만, 편집부 사람들은
들은 척도 하지 않았다.

하루 한 끼, 햄버거만 먹으며 여행한 적이 있다.
법대 1학년 과목을 재수강하고 나서 방학 때 툴루즈 일간지인
〈라 데페슈 뒤 미디 La Dépêche du Midi〉에서 문서 관리자로 일
했다. 그렇게 번 돈을 들고 친구와 함께 두 달간 동서횡단 일주
를 위해 미국으로 떠났다. 처음엔 각자 2000프랑, 약 300유로를
가지고 시작했다. 여행 시작지인 뉴욕을 걷다가 친구가 카드 마
술에 돈을 걸어 모두 잃고 말았다. 결국 500프랑, 약 80유로만
들고 남은 두 달간 미국 일주를 하게 되었다. 하루에 한 끼, 패스
트푸드 체인에서 1+1 행사 중인 햄버거만 먹으며 버텼다. 이 여
행에서 베르베르는 미래의 소설 주인공이 될 인물들을 열심히
수집했다.

처음 산 카메라는 니콘의 중고 니코마트다.
그는 담배 브랜드 '뉴스'가 주최하는 경연 대회에 선정되어 아프
리카로 간 적이 있다. 열대 밀림에만 서식하며 지나가는 길목에
있는 모든 것을 쓸어버린다는 전설 속 마냥개미를 심층 취재하
기 위해서다. 그는 보도 아이디어를 제출하고 취재 비용을 제공
받았다. 이때 첫 카메라를 구입한다. 니콘의 중고 니코마트 카메
라 한 대와 카메라만큼 무거운 매크로렌즈를 가진 돈을 탈탈 털
어 구입했다.

베르나르 베르베르는 아침마다 달리기를 한다.

평일에는 주로 실내에서 일립티컬 트레이너로 한 시간 동안 유산소 운동을 한다. 운동하는 동안 드라마 시리즈를 시청한다. 매주 일요일에는 밖에서 조깅을 한다. 시속 10km 속도로 20km 정도 거리를 달린다.

선호하는 음료는 따뜻한 녹차와 그린티 라테다.

술은 즐기지 않는다.

페이스북을 한다.

팔로워는 220,000명이다.(2023년 6월 기준)

처음 내한 행사에 참석한 것은 1994년 12월이다.

외국 작가를 출판사에서 직접 초청한 것은 거의 최초다. 출판사 열린책들에서는 기자회견 분위기를 만들기 위해 198㎡(60평)가량의 넓은 공간을 빌려 사진이 잘 나오게 하기 위해 커다란 책꽂이와 소파를 배치했다. 이 자리에는 약 80명의 기자가 참여했다. 잡지사에서 준비한 신경숙 작가와 문학 대담, 혜화동 서울과학고등학교 전교생 대상 강의 등이 마련되었다.

달팽이 요리를 한국에서 처음 먹어봤다.

베르베르는 2019년 서울 강남구의 별마당 도서관에서 프랑스 대표 음식인 달팽이 요리를 처음 먹어봤다고 한다. 그는 평소 돼지고기를 먹지 않고, 육류와 흰 빵도 선호하지 않는다. 오히려 일식과 한식을 좋아한다. 한식 중에서는 떡볶이와 김밥·김치를 특별히 좋아하며, 2010년 교보문고 근처 영광굴비 식당에서 메로구이와 김무침·갈치조림을 맛있다고 평했다.

고양이 축제를 연 적이 있다.

'고양이' 3부작 중 두 번째 작품인 〈문명〉의 집필을 끝내고 나서 고대 고양이 축제를 재현한 적이 있다. 그리스 역사가 헤로도토스에 따르면 기원전 1500년 부바스티스 신전에서 열린 고대 고양이 축제에서는 사람들이 고양이 분장을 하고 고양이들과 함께 노래하고 춤을 췄다. 고대의 우드스톡 페스티벌과도 같은 이 축제에는 70만 명이 모였다고 한다. 2019년 10월 4일, 입장료를 지불한 2800명의 사람이 르 그랑 렉스 Le Grand Rex 극장에 모였다. 세 시간 반 동안 같이 야옹거리고 갸르릉거리며 축제를 즐겼다. 일부 관객은 고양이 분장을 하고 나타나 분위기를 한층 뜨겁게 달구었다. 한편에선 고양이를 소재로 만든 영상을 상영하고 진귀한 품종의 고양이를 소개하기도 했다. 수의사이자 갸르릉 테라피(La ronronthérapie, 고양이의 갸르릉 소리에서 나오는 저주파 파동의 긍정적 효과를 연구하는 과학)의 창안자인 장이브 고셰 Jean-Yves Gauchet, 진기한 이야기를 수집하는 유튜버 파트리크 보 Patrick Baud를 비롯한 여러 유명 인사가 축제에 참여해 관객과 소통했다.

〈개미〉는 게임으로 제작 중이다.

프랑스의 게임 개발 스튜디오 마이크로이즈 Microids는 소설 〈개미〉를 각색한 비디오 게임을 제작하고 있다. 2024년 출시 예정이다.

3부터 1300만까지, 베르나르 베르베르와
연관된 범상치 않은 숫자들.

출생 직후 베르베르의 체중

3.4kg

전 세계 작품 출판 언어권 수

35개 언어

작가의 책은 전 세계 35개 언어로 번역되었다. 영미어권, 아랍
어권 외에도 러시아어, 체코어, 덴마크어, 루마니아어, 투르키에
어, 베트남어 버전이 세계적으로 3000만 부가 팔렸다. 이는 '해
리포터' 시리즈의 마지막 권 〈해리포터와 죽음의 성물〉, 청소년
필독서 엘윈 브룩스 화이트 Elwyn Brooks White의 〈샬롯의 거
미줄(Charlotte's Web)〉, 하퍼 리 Harper Lee의 〈앵무새 죽이기
(To Kill a Mockingbird)〉, 안네 프랑크 Anne Frank의 〈안네의
일기(Tagebuch der Anne Frank)〉 등과 비슷한 판매 수준이다.

한국에서 팔린 베르나르 베르베르의 책

3000쇄, 1300만 부

전 세계 총 판매량 3000만 부 중 한국에서 팔린 책은 그중 절반
수준인 약 1300만 부다. 〈개미〉, 〈뇌〉, 〈나무〉, 〈신〉이 각각 100만
부 이상 팔렸다. 2021년 기준 출판사에서 3000쇄 이상을 기록한
작가다.

Figures

〈개미〉 출간까지 수정한 횟수
120번

베르베르는 어려서부터 개미를 관찰해온 개미 박사다. 개미의 조직 생활과 일하는 모습에 매료되어 열두 살 무렵에는 개미 입장에서 생각하고 개미집을 장난으로라도 부수지 않게 되었다. 고등학교 1학년인 열여섯 살에 소설 〈개미〉를 구상하고, 스무살 되던 해에 첫 개미 도시를 방 안에 들여앉혔다. 이 소설은 그로부터 12년 뒤인 1991년, 작가가 스물 아홉되어서야 작품으로 완성되었다. 은박지 속에 사는 개미 여왕이 개미들의 정신을 개혁해나간다는 이야기로 시작해 출간하기까지 약 100개의 버전이, 120번 이상 수정 작업을 거쳤다.

베르나르 베르베르가 태어난 횟수
112번

작가는 1995년 첫 아내와 이혼 절차를 밟으며 힘겨운 시간을 보냈다. 이때 지인의 소개로 만난 영매 모니크 파랑 바캉의 도움으로 전사 체험을 하게 되었다. 체험에 따르면 그는 111번의 전생을 지녔다. 100번의 평범한 인생이 있었고, 11번의 특별한 인생도 있었다. 그는 1만 2000년 전 아틀란티스 제국의 전사였으며, 1880년대 상트페테르부르크에서 살던 의사이기도 했다. 이 외에도 사무라이, 파라오의 연인, 영국의 병사, 하렘의 여성 등을 거쳐 오늘과 같은 프랑스 작가로서의 삶을 살고 있다. 지금의 베르베르 모습은 전생의 그가 바라던 환생이라고.

베르베르가 한국에 온 횟수
8번

1994년 첫 방한을 시작으로 2022년까지 총 8번 한국을 방문해 12회 이상 강연을 했다. 한국 독자를 만나고 대화하며 사진 찍는 일을 좋아해 사인회도 여러 번 개최했다. 2002년 방한 당시 그의 사인을 받기 위해 선 줄이 광화문 교보문고에서 종로 소방서까지 이어졌다. 이후 2008년에는 사인회 참가 인원이 1000명을 넘어 교보문고 개점 이래 최고 기록을 보유한 사인회로 남았다. 베르베르는 2016년 5월 15일 잠실야구장에서 열린 LG트윈스-SK와이번스(현 SSG랜더스)전에서 시구를 한 적도 있다.

매일 글 쓰는 시간
8:30

작가는 특별한 휴일 없이 매일 아침 8시 30분부터 정오까지는 글을 쓴다. 7시에 일어나 간밤에 꾼 꿈을 기록하고 아침 체조를 한다. 윗몸일으키기, 스트레칭, 척추 비틀기 등을 통해 관절의 긴장을 풀고 그가 유년 시절 앓던 유전병인 강직성 척추염의 재발을 예방한다. 7시 30분에는 녹차, 사과, 배, 바나나, 시리얼로 아침 식사를 한다. 작업을 마치고 12시 45분이 되면 바깥바람을 쐬기 위해 공원으로 나가 태극권을 한다. 이는 17세 무렵 개미를 소재로 한 장편소설을 만들기로 결심하고나서 꾸준히 이어온 습관이다. 과학 계열 고등학교 진학에 실패한 그에게 큰 위로가 되어준 소설들을 쓴 작가 프레데리크 다르를 본받아 철저한 시간 관리를 시작했다. 방한 행사 때에도 늘 오전에는 글을 쓸 수 있게 일정을 비워달라고 요청했다.

베르베르가 만든 영화
3편

베르베르는 이제까지 3편의 영화를 만들었다. 〈나전 여왕〉, 〈인간은 우리의 친구〉 그리고 〈나무〉의 한 단편을 바탕으로 한 〈우리의 지구인 친구들〉이다. 앞의 두 작품은 단편영화로 열린책들에서 DVD로 소개한 바 있다. 〈우리의 지구인 친구들〉은 장편영화로 2009년 4월 28일 대학로 하이퍼텍나다에서 상영되었다.

가장 빠르게 책 한 권을 쓴 시간
12시간

베르나르 베르베르가 〈개미〉를 집필하는 데 장작 12년이 걸렸다면 아침 8시부터 저녁 8시까지 단숨에 써내려간 책도 있다. 바로 〈여행의 책〉이다. 이 책은 그가 그동안 프로이트와 아들러, 융을 읽으면서 배운 지식과 최면이란 도구를 결합해 일종의 자가 최면 테라피를 종이에 옮긴 내용이다.

Letter from Werber

저는 제 자신의 일과 저만의 창의성에 큰 열정을 갖고 있습니다. 제가 작가가 되고, 제가 쓴 책이 출판되어 전 세계 독자에게 닿을 수 있다는 것이 정말 놀랍고 믿기지 않을 때도 있습니다. 저에겐 정말 큰 힘인 동시에 엄청난 책임감이 따르는 일이기도 하죠. 항상 제 스스로를 쇄신하고 새로운 아이디어를 찾아내고자 노력하는 것은 물론, 시대를 앞서나가고 미래를 보기 위해 노력하는 것 또한 제가 가진 영향력에 대한 책임감으로 하는 일들입니다. 그리고 이러한 노력은 제가 보다 더 다양한 분야에서 활동할 수 있게 해주죠. 제 능력을 모두 사용하지 못한 채로 죽는 것, 이것이 저의 걱정일 뿐입니다.

공상과학소설을 쓴다는 것은 제한 없는 가능성의 장을 열어줍니다. 소설을 쓰는 일은 제가 사실만 다뤄야 한다는 틀에 얽매이지 않게 하고, 창작의 영역과 수준을 한층 더 끌어올려주기도 합니다. 동시에 저는 역사에 열광하기도 합니다. 가장 놀라운 일들이 벌어지는 무대기 때문이죠. 저는 놀라운 기지로 일본 함대를 멈추게 한 이순신 장군에 대한 이야기를 읽은 기억이 있습니다. 소설가가 이처럼 놀라운 인물을 상상해내기란 정말 쉽지 않은 법이죠.

제가 진심으로 바라는 바는 젊은 세대로 하여금 책을 읽고 싶게 만드는 것입니다. 그들이 오로지 영화나 게임만 즐긴다면, 그에 따라 제한된 상상력만 갖게 되겠죠. 저는 제 책들이 한국의 젊은 세대가 다시 책을 읽고 싶게 만들 수 있기를 희망합니다.

2023년 5월
베르나르 베르베르

베르베르의 조각들:
소설보다 먼저 만나는 작가

2023년 6월 15일
초판 1쇄

마케팅
김현주, 한윤하

발행인
조수용

유통
김수연, 김기란, 송수진

사업총괄
김명수

자료 제공
열린책들

편집장
박은성

펴낸곳
비미디어컴퍼니(주)

리드 에디터
장윤성

주소
서울시 용산구 대사관로 35 (한남동)

에디터
조서형, 김이지은

전화
02-540-7435

아트 디렉터
최유원

홈페이지
www.magazine-b.com

디자인
6699press

이메일
info@magazine-b.com

사진
장 니콜라 르샤

ISBN
979-11-983056-2-6 (03070)

일러스트
6699press

Printed in Republic of Korea
B Media Company, 2023

교정 교열
신선경

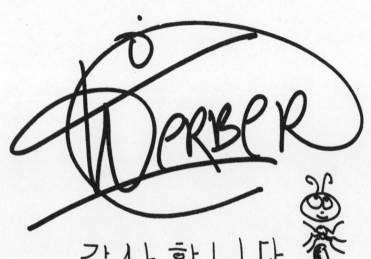

감사합니다
베르나르 베르베르